项目组合、项目集和项目治理实践指南

GOVERNANCE OF PORTFOLIOS, PROGRAMS, AND PROJECTS: A PRACTICE GUIDE

[美] Project Management Institute 著

電子工業出版社
Publishing House of Electronics Industry
北京·BEIJING

Governance of Portfolios, Programs, and Projects: A Practice Guide
ISBN: 978-1628250886

版权贸易合同登记 图字：01-2016-3993

图书在版编目（CIP）数据

项目组合、项目集和项目治理实践指南 / 美国项目管理协会著；何国勋，焦春芳，许江林译. —北京：电子工业出版社，2016.10
书名原文：Governance of Portfolios, Programs, and Projects: A Practice Guide
ISBN 978-7-121-30037-0

Ⅰ. ①项… Ⅱ. ①美… ②何… ③焦… ④许… Ⅲ.①项目管理－指南 Ⅳ. ①F224.5-62

中国版本图书馆 CIP 数据核字(2016)第 240283 号

策划编辑：王莞联
责任编辑：刘淑敏
印　　刷：北京捷迅佳彩印刷有限公司
装　　订：北京捷迅佳彩印刷有限公司
出版发行：电子工业出版社
　　　　　北京市海淀区万寿路 173 信箱　邮编：100036
开　　本：880×1230　1/16　印张：8.5　字数：174 千字
版　　次：2016 年 10 月第 1 版
印　　次：2021 年 7 月第 5 次印刷
定　　价：68.00 元

凡所购买电子工业出版社图书有缺损问题，请向购买书店调换。若书店售缺，请与本社发行部联系，联系及邮购电话：（010）88254888，88258888。
质量投诉请发邮件至 zlts@phei.com.cn，盗版侵权举报请发邮件至 dbqq@phei.com.cn。
本书咨询联系方式：（010）88254199，sjb@phei.com.cn。

声 明

作为项目管理协会（PMI）的标准和指南，本标准是通过相关人员的自愿参与和共同协商而开发的。其开发过程汇集了一批志愿者，并广泛收集了对本标准内容感兴趣人士的观点。PMI 管理该开发过程并制定规则以促进协商的公平性，但并没有直接参与写作，也没有独立测试、评估或核实本标准所含任何信息的准确性、完整性或本标准所含任何判断的有效性。

因本标准或对本标准的应用或依赖而直接或间接造成的任何人身伤害、财产或其他损失，PMI 不承担任何责任，无论是特殊、间接、因果还是补偿性的责任。PMI 不明示或暗示地保证或担保本标准所含信息的准确性与完整性，也不保证本标准所含信息能满足你的特殊目的或需要。PMI 不为任何使用本标准或标准的制造商或供应商的产品或服务提供担保。

PMI 出版和发行本标准，既不代表向任何个人或团体提供专业或其他服务，也不为任何个人或团体履行对他人的任何义务。在处理任何具体情况时，本标准的使用者都应依据自身的独立判断，或在必要时向资深专业人士寻求建议。与本标准议题相关的信息或标准亦可从其他途径获得。读者可以从这些途径获取本标准未包含的观点或信息。

PMI 无权也不会监督或强迫他人遵循本标准的内容，不会为安全或健康原因对产品、设计或安装进行认证、测试或检查。本标准中关于符合健康或安全要求的任何证明或声明，都不是 PMI 做出的，而应由认证者或声明者承担全部责任。

序 言

《项目组合、项目集和项目治理实践指南》是 PMI 基本标准的补充文档。本实践指南对组织和从业人员就如何实施或改进项目组合、项目集和项目治理提供指导。项目组合、项目集和项目治理的理论已贯穿于 PMI 基本标准之中，本实践指南会进一步理解和区分治理的类型、领域与职能。适当的治理会影响组织的战略举措、项目组合、项目集和项目的成败，因此理解项目组合、项目集及项目治理对于组织正变得日益重要。PMI 承诺以规范的知识体系对项目管理专业提供支持，本指南即例证之一。

《项目组合、项目集和项目治理实践指南》在满足 PMI 不同的干系人需求的同时，提升项目组合、项目集及项目管理实践。本实践指南旨在支持组织营造一种环境来加速战略实施及组织目标的实现，同时建立决策的透明度和可信度，并澄清角色和职责。从概念建模到实施的过程中，组织和从业人员会发现一些翔实有益的实践，本实践指南通过收集这些实践丰富了项目组合、项目集和项目治理这一主题。治理是宽泛而复杂的主题，在组织内部或跨组织间存在多种维度、层级、联系和类型。必须认识到组织可能采用可付诸实施的准则、实践、流程和政策来实施不同层级的组织级项目组合、项目集和项目治理。由于治理实施在不同层级上的差异，本实践指南主要讨论通用的措施和成果，这些措施和成果有助于项目组合、项目集和项目从业人员高效地评估、规划、实施和改进组织级项目管理治理以及单个项目组合、项目集和项目管理水平。本实践指南描述了一种通用治理框架，用来协调组织级项目管理与项目组合、项目集和项目管理，并提出四个治理域，即一致性、风险、绩效和沟通。四个治理域通过四种核心治理职能来实现有效的项目组合、项目集和项目治理，四种核心职能分别为监督、控制、整合和决策，它们均由经过整合的流程组成。

实践指南是 PMI 标准库中一个新的分类，该分类注重实践方面的讨论，但讨论可能达不成共识。创新以及动态的外部环境需要组织及从业人员行动更加果断且更具有适应性，来确保适当的治理水平。PMI 出版本实践指南来识别有用的方法，来配合 PMI 基本标准。

实践指南由业界领先的专家采用一种既能保证可靠性又能缩短时间的新型流程来编写。PMI 对实践指南的定义是为应用 PMI 标准提供补充信息和指导的标准产物。实践指南不是完全基于共识的标准，并未以征求意见稿的形式广泛征求意见。不过，实践指南可能在以后发展成共识标准。如需要，可按 PMI 已归档的流程把它开发成共识标准。

目　录

图表目录

1

第 1 章　引论

1.1　《项目组合、项目集和项目治理实践指南》的目的及需求

本实践指南为组织及从业人员实施项目组合、项目集和项目治理提供指导。从概念建模到实施的过程中，组织和从业人员会发现一些翔实有益的实践，本指南致力于通过收集这些实践来丰富项目组合、项目集和项目治理这一主题。本指南提供如下内容：

- 为高级主管、职能经理以及高级项目组合、项目集和项目管理团队实施项目组合、项目集和项目治理提供参考。
- 描述高效项目组合、项目集、项目及组织级项目管理（OPM）治理的定义、实施和管理。
- 提供创建治理框架的实践。
- 为可能实施或提高项目组合、项目集和项目治理的政府组织、非政府营利性组织，以及非营利性私人和公共实体提供指南。

由于不断增加的业务复杂性、法规需求、全球化以及快速的技术和业务环境变化，在组织内实施有效的项目组合、项目集和项目治理框架可能是一项挑战。其他的挑战包括对项目组合、项目集和项目管理的治理、高层赞助、支持和理解不够充分。对于跨组织（比如合资企业）执行的项目集和项目治理会变得更加复杂。治理框架必须是动态的，且能够快速响应变化的项目组合、项目集和项目环境。有效的项目组合、项目集和项目治理不仅关注对政策、程序、法律和法规的遵从性，而且要注重如何对决策做出精准的判断来满足组织的目标。

组织中不同级别的人员和外部干系人会影响项目组合、项目集和项目治理的框架。这一主题对组织很有意义，因为无效的治理在文献和研究成果中经常被认为项目延期、失败及其他消极结果的原因之一。此外，在项目组合、项目集和项目管理的文献中，对此主题的完整讨论非常少。2014 年 PMI 对发表于项目管理及关联学科领域中关于项目组合、项目集和项目

治理的已有研究做了一次详尽回顾，关于这些研究的概述参见附录 X2。有效的治理框架通过提供适当的监督、领导和指导，确保组织的战略一致性与后续的执行。

本实践指南中的“组织”是指公司或子公司、代理商、协会、营利性或非营利性事业单位，以及政府机构。

1.2　目标受众

本实践指南致力于支持组织和从业人员创建一种环境来加速战略实施和组织目标的实现，同时建立决策的透明度和可信度，并澄清角色和职责。本实践指南适用于各种类型和规模的组织，同时包括：

- 董事会或其代表。
- 高级管理者。
- 负责监管项目组合、项目集和项目的非职能管理人员。
- 项目组合、项目集和项目管理办公室（PMO）和卓越中心的成员。
- 项目组合、项目集和项目管理从业人员。
- 项目组合、项目集和项目团队成员及干系人。
- 职能经理，包括管理项目组合、项目集和项目管理专业人员的经理。
- 项目组合、项目集和项目管理领域的教育者、顾问及流程专家。

1.3　实践指南概述

本指南以结构化的方式组织编排，以便读者找到感兴趣的章节。读者不需要全篇通读，可以仅关注最感兴趣的章节。有些内容在一个或多个章节中重复出现，这样做的目的是，关于项目组合、项目集和项目不同层级的治理可以按章节独立理解。推荐读者在阅读如下其他感兴趣的章节之前，先阅读第 1 章（引论）：

- 第 2 章：组织级项目管理治理。本章描述组织级项目管理治理、对治理的裁剪、治理关系和考虑因素、角色和职责，以及治理域、职能和流程。本章还描述如何把治理当作一个治理项目集或项目来实施，以实现项目组合、项目集和项目治理的统一。

- 第 3 章：项目组合层级的治理。本章描述项目组合治理、治理关系和考虑因素、角色和职责，以及治理域、职能和流程。本章还描述如何在项目组合管理过程周期内实施治理。
- 第 4 章：项目集层级的治理。本章描述项目集治理、治理关系和考虑因素、角色和职责，以及治理域、职能和流程。本章还描述如何在项目集生命周期内实施治理。
- 第 5 章：项目层级的治理。本章描述项目治理、治理关系和考虑因素、角色和职责，以及治理域、职能和流程。本章还描述如何在项目生命周期内实施治理。

1.4 项目组合、项目集和项目管理治理概述

治理是良好项目组合、项目集和项目管理的驱动因素，也是成功项目组合、项目集和项目的必备条件。治理通常关注谁来决策（决策权和授权架构）、如何决策（流程/程序），以及对诸多保证因素（如信任、灵活性和行为控制）进行协调，从而定义治理框架，在此框架下，决策得以制定，决策者负有最终责任。

当讨论治理的时候，区别不同类型的治理非常重要：

- 组织治理。许多组织都有原则、政策和程序来指导组织的管理及控制。组织治理原则由组织的最高治理实体批准，其中包括对角色和授权的澄清、道德标准、最终责任制、透明度、社会责任，以及组织独有的其他原则。组织政策是用来支持和沟通这些原则的机制，使得治理委员会或实体能够了解组织面临的重大战略问题和风险。
- 项目组合、项目集和项目管理治理。有些组织制定了组织范围的政策和程序，在多项目组合、项目集和项目环境中，对项目组合、项目集和项目实践进行监督和指导。这个层级的治理可以指导如何将组织治理的各领域与单独的项目组合、项目集和项目活动关联起来，并注重如何全面监管项目组合、项目集和项目管理的能力。
- 项目组合、项目集和项目治理。本实践指南关注如何定义和实施治理，来确保项目组合、项目集和项目的成功，包括详细阐述为了成功实施或提高项目组合、项目集和项目治理所需的流程、活动和任务，以产生期望的产出或结果。

不同的组织和场景下，项目组合、项目集和项目治理的方法并不一致。在各种文献和标准中，有多种关于治理的定义，而且不能清晰区分在项目组合、项目集和项目管理不同层级的治理需求。在项目组合、项目集和项目管理中存在着不同层级的治理，分别是组织级治理、组织级项目管理治理，以及项目组合、项目集和项目治理。为了做出必要的澄清，本实践指南提供了治理的定义，以区分它们的不同，同时也对其中的通用因素进行了说明。本实践指

南中用到的定义，专指项目组合、项目集和项目治理。对治理的定义包括：

- **组织级治理**。一种通过人员、政策和流程来提供控制、指导和协调的结构化方法，旨在满足组织战略和运营目标。组织级治理通常由董事会来实施，以确保针对其干系人的责任制、公平和透明。组织级治理通常包括法律、法规、合规性、文化、道德、环境、风险、社会责任和社区职能。组织级治理的原则、决策和流程会对项目组合、项目集和项目治理产生影响。例如，美国 2002 年通过的萨班斯—奥克斯利法案要求管理层来证明组织财务报告的准确性。这会直接影响审查项目组合、项目集和项目的财务控制和报告的严格程度和频率。

- **OPM 治理**。用于指导组织级项目管理活动的框架、职能和流程，旨在使项目组合、项目集和项目管理实践保持一致，从而满足组织战略和运营目标。

- **项目组合治理**。用于指导项目组合管理活动的框架、职能和流程，旨在优化投资，以满足组织战略和运营目标。

- **项目集治理**。用于指导项目集管理活动的框架、职能和流程，旨在交付业务价值，以满足组织战略和运营目标。

- **项目治理**。用于指导项目管理活动的框架、职能和流程，旨在创造独特的产品、服务或成果，以满足组织战略和运营目标。

本实践指南中经常见到的治理术语特指项目组合、项目集和项目治理，参见如下定义：

- **治理主体**。一个临时或永久的有组织的小组，其成员拥有不同领域的责任和授权，为项目组合、项目集和项目提供指导和决策。如委员会、指导委员会。

- **治理框架**。指针对项目组合、项目集和项目的四个治理域，包括职能、流程和活动。关于域和职能的信息，参见 1.6 和 1.7 节，以及第 2～5 章。

- **治理域**。由一个人、一个小组或一个组织来执行的一组流程，用于处理某个特定治理领域的关注问题。参见 1.6 节。

- **治理职能**。一组为了支持项目组合、项目集和项目治理而执行的跨治理域且相互关联的流程。参见 1.7 节。

图 1-1 展示了治理的基本要素，这在大多数通过项目组合、项目集和项目来执行商业战略的组织中很常见。这些要素相互联系且分为不同的层次。图 1-1 简要展示了治理的维度，而实际的治理比这复杂。治理相关的要素是动态的，且应适应变化的组织、项目组合、项目

集和项目环境。关于项目集和项目的复杂性与治理资源的关系，参见 1.5.2 节。

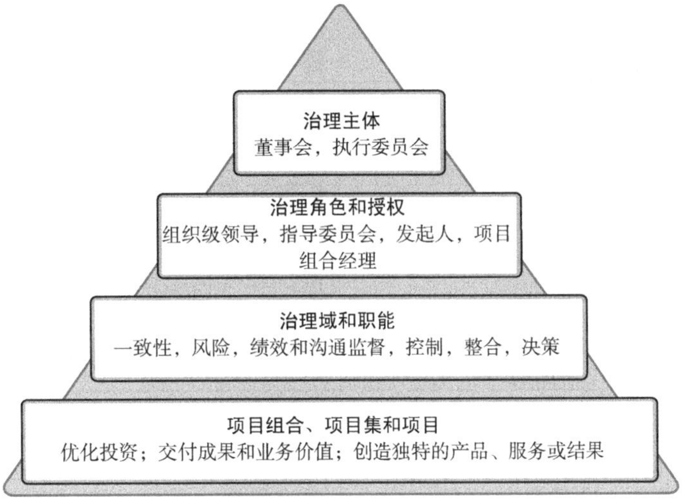

图 1-1 治理要素

1.5 项目组合、项目集和项目治理与项目组合、项目集和项目管理

项目组合、项目集和项目治理关注对框架、职能和流程的监督和批复，从而为项目组合、项目集和项目提供指导和决策。

项目组合、项目集和项目管理是包括定义、规划和执行的实施活动，目的是通过单个项目组合、项目集和项目来实现组织战略和运营目标。

项目组合、项目集和项目治理活动包括提供指导、决策和管理监督，而项目组合、项目集和项目管理活动是指具体组织和执行项目组合、项目集和项目工作。对于某一组织或特定的项目组合、项目集和项目，由于有些职能和角色可能由同一个人或同一组人承担，治理和管理活动可能会有交叠。在有些组织或特定的项目组合、项目集和项目中，治理和管理角色可能被合并。在有些项目组合和项目集中，项目组合或项目集经理可能承担治理的角色。表 1-1 展示了治理和管理活动的主要区别。表中的这些活动被分为两列，分别属于治理和管理，每一列的活动应根据组织情况进行调整。表中各列活动的数量不意味着这些活动是相同的或工作量是可比的。

表 1-1　治理和管理活动的主要区别

治理（关注“是什么”）—— 决策和指导、监督并保证管理	管理（关注“怎么做”）—— 组织和执行工作
定义和批准组织的战略、目的和目标	建议和实施战略、目的和目标
制定政策	沟通政策和创建程序
创建和批准项目组合、项目集和项目治理框架	识别和记录项目组合、项目集和项目治理框架
确保关键干系人参与	识别和管理干系人关系
确定和批准优先级标准	对组件进行优先排序
授权组件并纳入组合	选择和优化组件
识别、确保和沟通战略一致性	沟通战略一致性
确定和沟通风险偏好与临界值；解决风险和问题	识别和升级风险和问题
请求、评审和授权变更	识别、请求和授权变更
决定和提供资金与资源	识别和请求资金与资源
批准、终止或取消项目组合、项目集和项目	建议批准、终止或取消项目组合、项目集和项目
确定和批准角色、职责与决策授权	建议和沟通角色、职责与决策授权
批复章程、计划和商业论证	创建章程、计划和商业论证
确定和批准关键绩效指标（KPI）测量	监控或测量 KPI；创建或整合报告
评审和批准整体路线图	创建或更新整体路线图
评审、批准和授权阶段关卡和审查	管理阶段关卡和审查
授权审计	执行审计
评估和批准组织变革管理	定义和实施组织变革管理计划
对项目组合、项目集和项目的结果负最终责任	对项目组合、项目集和项目结果的结果负责
评估和批准项目组合、项目集和项目的方法论	沟通并遵守项目组合、项目集和项目的方法论

图 1-2 展示了项目组合、项目集和项目治理与组织级治理的关系，以及项目组合、项目集和项目管理与组织级管理的关系。治理活动确保管理活动在项目组合、项目集和项目管理之内被定义、计划和实施。管理活动更富有操作性和战术性，而治理活动更具有战略性且注重监督和指导。在项目组合管理中，绝大多数是治理活动，只有小部分与项目集或项目管理有关的管理活动，这是由于项目组合管理本身是一种组织级治理的治理机制，这种机制被用于确保战略与组织目标的一致。治理为管理提供监督和指导，确保正确的工作被执行，且是通过组织级项目管理被正确地执行的。关于组织级项目管理的更多信息，参见 2.2 节。

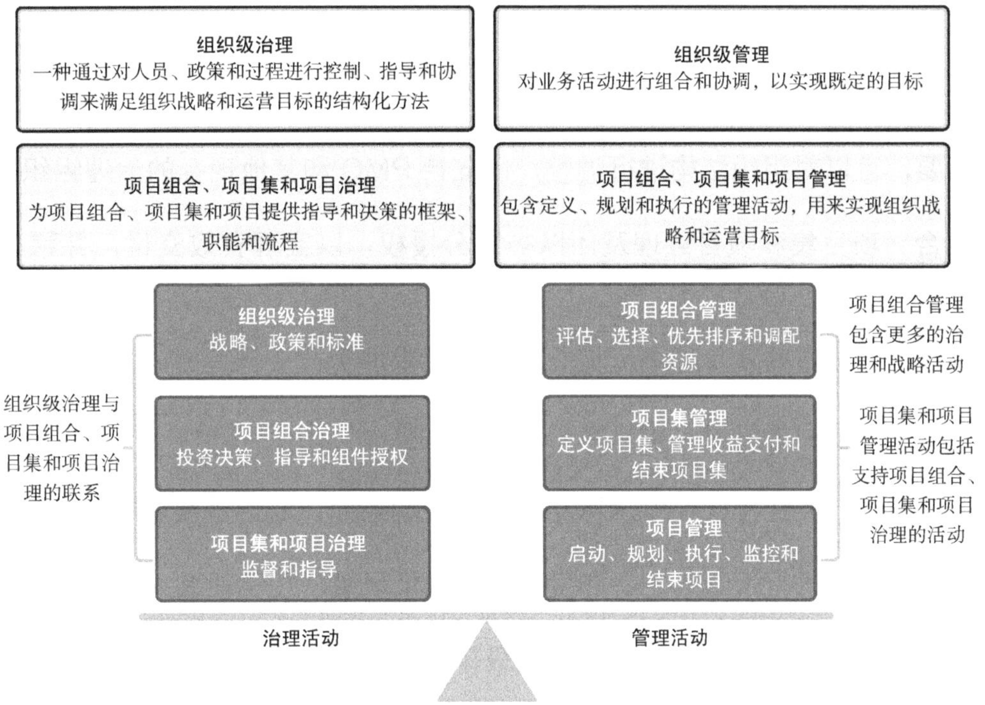

图 1-2 治理活动与管理活动

1.5.1 有效的项目组合、项目集和项目治理

在大多数的组织环境中，实现有效的治理都非常有挑战性。只有动态的，且适应组织的需求、资源和文化的治理框架才是有效的治理框架。持续改进是一种实现有效治理的方法，通过持续改进的策略，组织可以提升能力来实现更高的标准，同时通过在持续的周期内不断实施改进，来适应变化的条件。持续改进需要结构化的组织变革管理策略和计划，包括实施奖励机制、干系人参与，以及调整各干系人团体之间的沟通来确保变革的有效性和持续性。如同成功的组织不会随机发展壮大一样，实施有效的治理是一种大规模的主动变更，这种变更应当有目的明确的适应性策略，这样才能有效预期、影响和响应组织的需要。最重要的是，治理没有普遍适用的方法，治理需要适配组织的结构、文化和复杂性才能变得有效。以下是有效治理和有效管理监督的一些特征：

- 定义良好的整体治理框架与方法，且与现有的组织结构和组织战略目标相一致。
- 可提供及时指导和监督的胜任的治理主体。
- 对组织、项目组合、项目集、项目和团队不断变化的需求的可适应的、灵活的、响应及时的领导力。

- 看得见的赞助和承诺，用来提供必要的组织支持和资源。
- 根据需要，可以对组织结构进行调整，以支持 PMO 和其他现存的治理组织结构。
- 项目组合、项目集和项目经理及团队被充分授权，以实现有效交付，并移除壁垒和障碍。
- 协调一致的商业策略及优先级，尤其是存在需求冲突或资源竞争时。
- 通过项目集和项目的交付，积极参与对业务收益交付的监控。
- 对角色与职责、委托授权和质量标准进行定义和沟通，以促进快速决策。
- 对关键绩效指标进行清晰的定义和度量，以降低风险，提高机会。
- 恰当的项目集和项目组件的选择和优先级排序流程，以满足组织战略和运营目标。
- 恰当的项目组合、项目集和项目管理的执行流程，同时遵守政策、标准和指南。
- 经过裁剪的沟通、知识管理、培训和报告。
- 持续改进所需的结构化的组织变革管理方法。
- 联合干系人参与，以建立流程和支持变革。
- 建立、维护和改进治理所需的足够资金。

1.5.2 治理与项目集和项目的复杂性

治理所需的资源和流程与项目集和项目的复杂性有关。《项目复杂性管理实践指南》中把复杂性定义为“项目集、项目或其环境的一个特点，由于人类行为、系统行为或模糊性而导致的难以管理”。随着项目集和项目复杂性的增加，治理所需的授权架构、资源和流程通常也会增加。其他影响治理需求的因素包括风险偏好、文化和项目管理成熟度。

为了平衡风险与效率，在应用治理的授权架构、资源和流程时，必须考虑项目集和项目复杂性。如果治理流程或授权架构的严格程度低于实际需求，就会引入风险；反之，如果治理的严格程度过高，就会由于资源和流程消耗了宝贵的时间和精力而造成效率低下。实施治理时，要尽可能简化授权架构，减少资源和流程的数量，因为治理的决策和监督活动都需要时间和成本。应当根据项目集和项目的复杂性、风险和其他因素来裁剪治理的流程。通过灵活且具有针对性的方法对治理流程进行裁剪，可以达到最佳的效率。图 1-3 描述了治理与项目集和项目复杂性的关系。

- 情景 A。本情景中，治理的资源和流程数量大于基于项目集和项目复杂性的实际需求，导致了低效治理。这是由于治理使用的资源和流程大于实际所需，消耗了宝贵的资源。治理需要根据项目集和项目的复杂性来裁剪，从而消除官僚现象，并达到恰当的监督和领导水平。

- 情景 B。本情景中，现有的治理资源和流程少于基于项目集和项目复杂性的需求，给项目集和项目的执行、战略目的和目标的实现带来了风险。换句话说，随着项目集和项目复杂性的增加，治理的资源和流程也应增加。如果资源和流程的实际数量和最佳数量之间存在差距，就会导致风险。比如，如果一个高层发起人把精力分散到多个项目集或项目中，就会导致风险和低效治理。

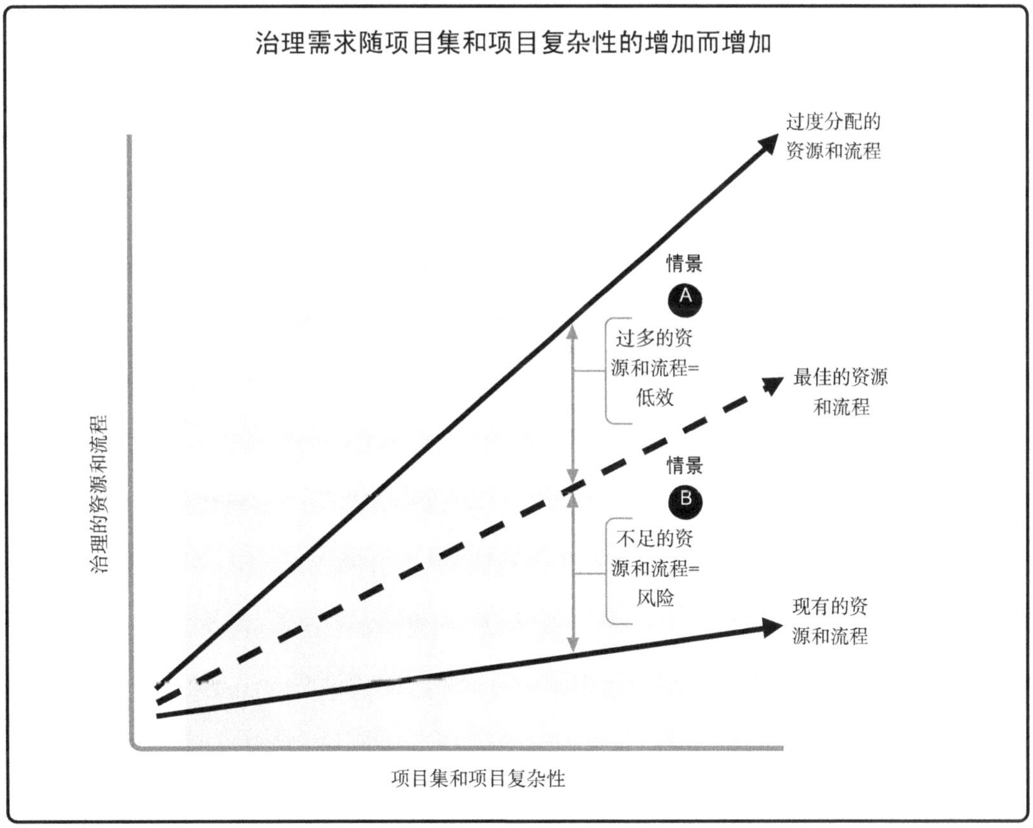

图 1-3　治理与项目集和项目的复杂性

1.6　治理域

本实践指南中的治理框架把紧密相关的多个职能纳入四个领域来分别表示独特的治理方面，即治理一致性、治理风险、治理沟通和治理绩效（见图 1-4）。治理域是互为补充的几组职能，其中，一个治理域内的流程或活动与其他领域有明显的区别。在项目组合、项目集和项目的生命周期内，项目组合、项目集和项目经理需要积极开展多个治理域的工作。

四个治理域如下所述，并在第 2～5 章中有详细阐述。

- 治理的一致性域。创建和维护整体治理框架的职能和流程。
- 治理的风险域。识别和解决威胁与机会的职能和流程，以确保风险和回报平衡。
- 治理的绩效领域。根据参数和商业价值的实现，对 KPI 进行测量和评价的职能和流程。
- 治理的沟通领域。分发信息、联合干系人参与、保障组织变革的职能和流程。

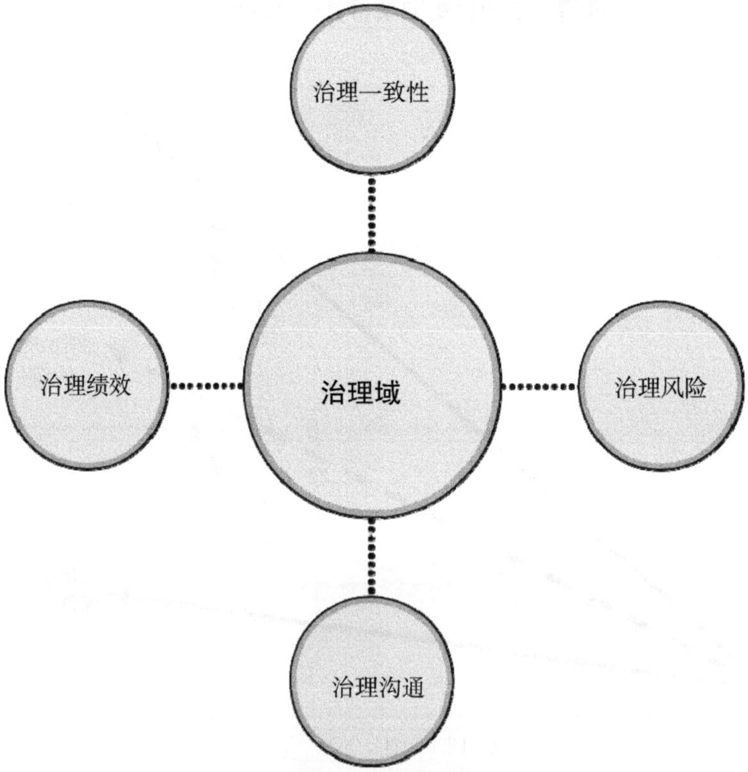

图 1-4　治理域

1.7　治理职能

在四个治理域的任何一个中，都有服务于组织项目组合、项目集和项目的治理职能，这些职能对所需执行的关键流程、互动和任务进行了分组。

图 1-5 所示的四种治理职能分别为监督、控制、整合和决策，它们是一系列连续的流程、活动和任务，在项目组合、项目集和项目的生命周期内可按任一方向执行，也可多次反复执行。

四种治理职能如下所述，并在第 2～5 章中有详细阐述。

- 监督职能。为项目组合、项目集和项目提供指南、指导和领导的流程和活动。
- 控制职能。为项目组合、项目集和项目提供监督、度量和报告的流程和活动。
- 整合职能。为项目组合、项目集和项目提供战略一致性的流程和活动。
- 决策职能。为项目组合、项目集和项目提供授权架构和委托的流程和活动。

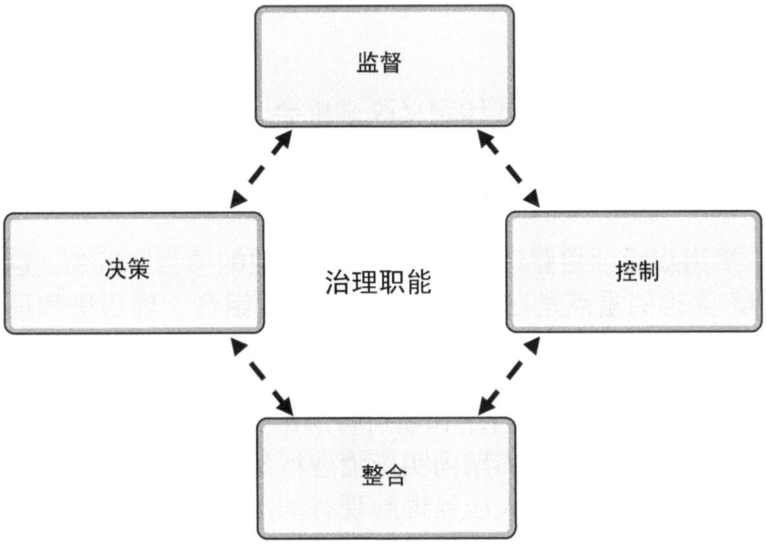

图 1-5　治理职能

1.8　治理框架实施

为了改进已有的或实施新建的治理框架来支持组织的项目组合、项目集和项目，本实践指南提供了一个“四步实施法”，包括评估、规划、实施和改进四个步骤。在治理框架的实施过程中，各步骤可能相互交叠、迭代或多次反复执行。应当基于组织的文化，所管理的项目组合、项目集和项目的类型，组织的需求来裁剪治理框架的实施，以满足战略目标。本实践指南中描述的所有活动和交付成果可能并不适用于所有的组织，基于具体的组织环境可能还需增加一些其他的活动和交付成果。每个组织应选择最适合的具体治理框架来实施，并根据需要进行裁剪。裁剪时的其他考虑因素参见 2.3.1 节。

图 1-6 是治理框架四步实施法的概览图，更多细节见第 2～5 章及附录 A1。

治理实施的四步法包括：

- 评估。评估的目的是评审和分析组织内治理的现状，以及项目组合、项目集和项目治理实践的现状与期望。执行评估和分析有助于组织，项目组合、项目集和项目经理，发起人为项目组合、项目集和项目治理的发展建立清晰一致的愿景和方法论。

- 规划。本步骤的目的是对治理的未来期望状况进行规划，从而建立治理的组织架构、角色、职责、授权、与治理相关的流程及所需的交互。

- 实施。包括实施治理框架、职能和流程，管理组织变革，完成各种治理评审，并测量治理绩效。

- 改进。改进的目的是评估绩效和定义改进机会。

本实践指南提出的治理框架实施四步法主要关注两种不同的应用情景：

- 在第 2 章，把组织级项目管理治理作为一个单独的项目来实施。这种做法可行的原因在于，OPM 治理的重点是在组织范围内把项目组合、项目集和项目管理的实践进行整合。

- 在第 3～5 章，项目组合、项目集和项目各层级的治理分别在项目组合管理过程周期、项目集生命周期和项目生命周期内实施治理框架，为从业人员提供指南。项目组合、项目集和项目经理以及发起人应当理解现有的治理框架，并确保实施后的治理框架适应所有的项目组合、项目集和项目。

附录 A1 详细描述了项目组合、项目集和项目治理框架的实施步骤。

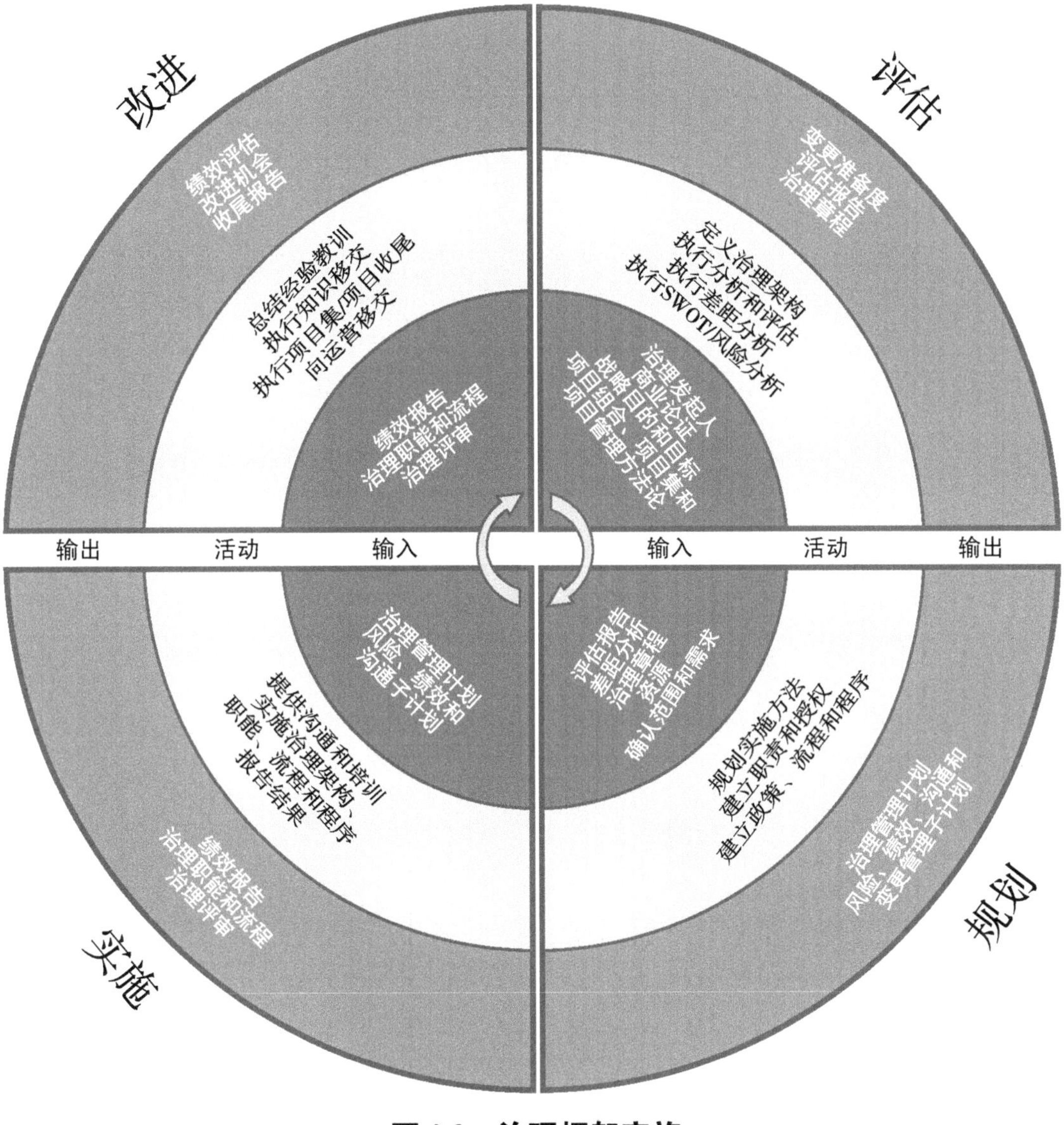

改进
评估
实施
规划
绩效评估
改进机会
收尾报告
总结经验教训
执行知识移交
执行项目集/项目收尾
向运营移交
绩效报告
治理职能和流程
治理评审
变更准备度
评估报告
治理章程
定义治理架构
执行分析和评估
执行差距分析
执行SWOT/风险分析
治理发起人
商业论证
战略目的和目标
项目组合、项目集和
项目管理方法论
输出
活动
输入
输入
活动
输出
治理管理计划
风险、绩效和
沟通子计划
提供沟通和培训
实施治理架构、
职能、流程和程序
报告结果
绩效报告
治理职能和流程
治理评审
评估报告
差距分析
治理章程
资源
确认范围和需求
规划实施方法
建立职责和授权
建立政策、流程和程序
治理管理计划
风险、绩效、沟通和
变更管理子计划

图 1-6　治理框架实施

2

第 2 章　组织级项目管理治理

2.1　概述

在过去的几十年中，组织为实现战略目标，不断提高对项目组合、项目集和项目成功的关注。此外，以整合的模式来管理项目组合、项目集和项目的需求也在不断增加，以期实现效益，保证效率，提高生产力，优化利用稀缺资源，保证合规，提升客户满意度，实现项目组合、项目集和项目的成功完成，或加快上市速度，而单独管理则无法达到这些目的。

本章提供框架、流程和实施方法，帮助组织建立或改进治理，以监督组织级项目管理。建议读者先阅读第 1 章（引论），然后再根据兴趣选择其他章节。

2.2　组织级项目管理

组织级项目管理提供了战略执行框架，使项目组合、项目集和项目管理实践与组织战略和目标保持一致，并根据组织背景、情景和结构进行必要的调整。本章节的实践指南融合并基于《实施组织级项目管理实践指南》和《组织级项目管理成熟度模型（OPM3）（第 3 版）》中详述的 OPM 实践与指南。

OPM 治理为 OPM 战略执行框架提供指导、决策和监督。OPM 是组织的战略执行框架，其重点是通过整合和统一项目组合、项目集和项目管理的实践而执行管理；OPM 治理关注对战略执行框架的监督与决策，以最大化组织价值。图 2-1 举例说明了治理与管理在 OPM 与项目组织、项目集和项目各层次的定义。

	治理（是什么）——决策和指导；监督并确保管理	管理（怎么做）——组织和执行工作
组织级项目管理	OPM 治理是指导组织项目管理活动的一套框架、职能和流程，以确保项目组合、项目集和项目管理实践的统一，并满足组织战略与运营目标	OPM 是一套战略执行框架，利用项目组合、项目集和项目管理以及组织可行实践，持续地、可预见地实现组织战略，交付更好的绩效、更好的结果以及持续的竞争优势
项目组合	项目组合治理是指导项目组合管理活动的一套框架、职能和流程，旨在优化投资，满足组织战略与运营目标	项目组合管理指的是将一个或多个项目组合集中管理以实现战略目标
项目集	项目集治理是指导项目集管理活动的一套框架、职能和流程，旨在交付商业价值，满足组织战略与运营目标	项目集管理就是在项目集中应用知识、技能、工具与技术来满足项目集的要求，获得分别管理各项目所无法实现的利益和控制
项目	项目治理是指导项目管理活动的一套框架、职能和流程，旨在创造独特的产品、服务或成果，满足组织战略与运营目标	项目管理就是将知识、技能、工具与技术应用于项目活动，以满足项目的要求

图 2-1　治理和管理在组织、项目组合、项目集和项目各层级的定义

2.3　OPM 治理

OPM 治理被定义为一套框架、职能和流程，用来指导组织项目管理活动，使得项目组合、项目集和项目管理实践保持一致，从而满足组织战略和运营目的。OPM 治理包括政策（Policies）、程序（Procedures）和系统（Systems），组织领导者借此指导、定义、授权和支持与战略和组织目标的一致性。

OPM 治理是 OPM 实施的四大核心驱动流程之一。其他的核心驱动流程分别是战略一致性、胜任力管理和组织项目管理方法论。在实施 OPM 治理时，非常重要的是需要考虑如何把其他核心驱动流程也整合到 OPM 管理计划中：

- 战略一致性确保项目组合、项目集和项目支持商业目标的实现。
- 胜任力管理确保技能得到开发，并在需要实施项目组合、项目集和项目时可用。
- 组织项目管理方法论提供实施项目组合、项目集和项目所必需的架构（人与流程）。

OPM 治理不是一个独立的流程，与组织和项目组合管理的相关流程有交叠和相互影响，这些组织和项目组合管理流程包括组织战略和目标、资源管理、风险管理和绩效管理等流程。

OPM 治理是一套全组织范围的方法，可在各领域实现项目管理卓越，应与各层级的治理整合在一起。

图 2-2 描述了 OPM 治理相关活动与项目组合、项目集和项目管理活动的交互。这些交互在第 3～5 章也有详述。

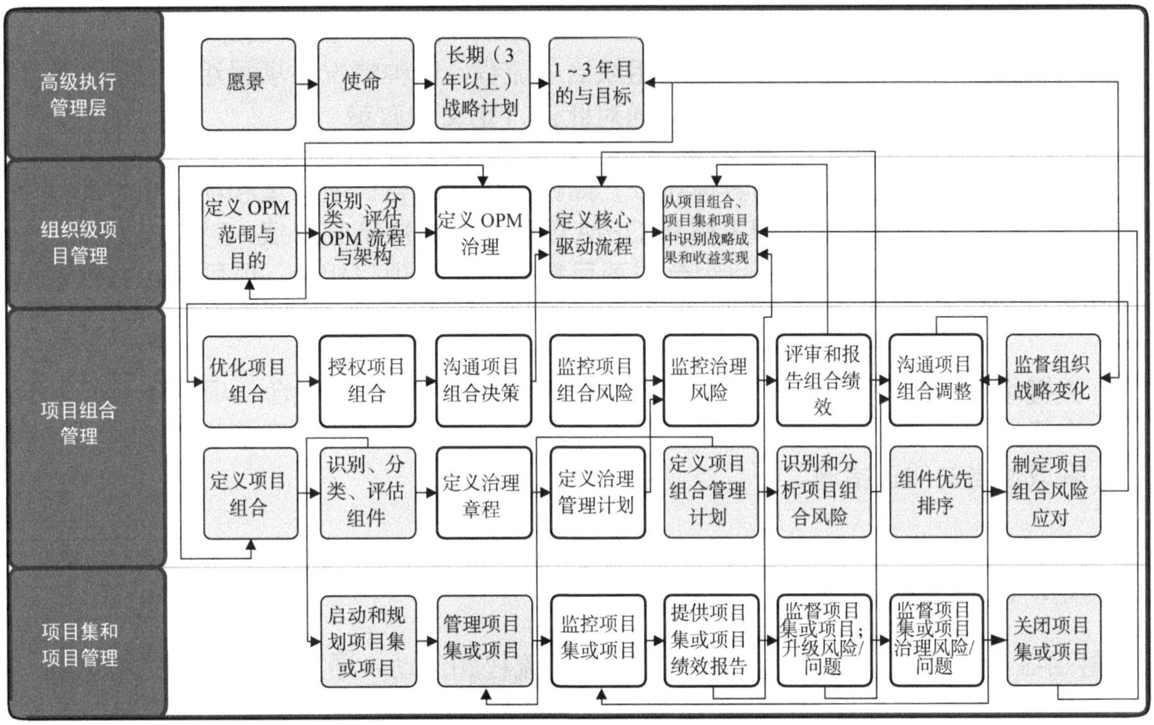

图 2-2　OPM 治理与项目组合、项目集和项目的交互

2.3.1　裁剪 OPM 治理的实现途径

对治理的实现途径进行裁剪，其目的是考虑组织的政治、文化、外部干系人和环境与规章等因素。根据这些影响和因素，可能需要不同程度的治理。

另一个关键的考虑是，OPM 治理是首次实施，还是需要提升。组织中可能不存在正式的治理，也可能只在单个项目组合、项目集和项目的层次上存在治理。实施治理的途径应根据这些因素进行裁剪，治理需符合组织需要。

OPM 治理框架的实施步骤是一个迭代的过程，以便采纳被普遍认可的良好实践；根据期望结果，实施步骤应该具备适应性和灵活性，以支持治理实施。有关框架实施步骤的更多信息，参见 2.6 节。

组织可根据以下因素对 OPM 治理的实现途径进行裁剪：

- **规模、复杂度和风险**。按照项目组合、项目集或项目的类型，根据规模（所需资源、组织跨度）、复杂度、风险水平、优先级和所需制定的决策，来确定治理的程度。其他重要的考虑因素包括：组织的风险承受能力；对现有治理架构的理解；项目组合、项目集和项目实践。

- **强制合规**。何种情形下必须遵守组织治理流程，何种情况下项目组合、项目集和项目可以因需调整流程，要记录和沟通对此进行定义的政策。

- **责任和授权**。记录和沟通具体授权，如根据项目组合、项目集和项目组件的规模、复杂度和风险而确定的治理主体和 OPM 项目经理的决策临界值。对授权委托进行清晰定义也很重要，比如当项目组合或项目集经理担任项目组合、项目集和项目组件的治理角色时。

- **关键绩效指标**。建立 KPI 基线，对治理的有效性和项目组合、项目集和项目的绩效进行监控非常重要，同时要明确每个指标的负责人，以确保商业价值的交付，并随时采取恰当的纠正措施。

2.3.2 OPM 和治理的交互

如图 2-3 所示，治理和管理之间存在交互的流程和活动。通常，治理指的是政策、规则和决策流程及原则，管理指的是实现组织目标的活动，而其中有一些重叠的区域，区域中的管理活动或治理活动很可能由同一个人来执行。比如，在某个项目组合或项目集中，项目组合或项目集经理可能担任治理的角色，而同时也负责项目组合和项目集的管理过程。项目组合、项目集和项目管理需要调用来自两个领域的政策和流程。

治理流程指导战略监督、控制、决策和整合，而管理流程指导范围、进度、预算、收益实现的战术执行。由于 OPM 和项目组合治理流程是战略层面的，它们为项目组合、项目集和项目管理设定政策和程序，而单个项目或项目集的治理则监督战术上的执行。单个项目组合、项目集和项目层面上的治理聚焦于各自特定的影响范围，而 OPM 治理指导项目组合、项目集和项目的整合，以推行组织治理标准、政策和流程。

还需要关注的是，不同层级上的治理或管理可能有不同的具体职能，需要考虑的具体因素也不同。

- **组织级治理**。监督整个组织，关注建立战略方向、法律规章、受托责任、监督职能及边界。其中的战略和组织政策流程应该下达到项目组合、项目集和项目层面。

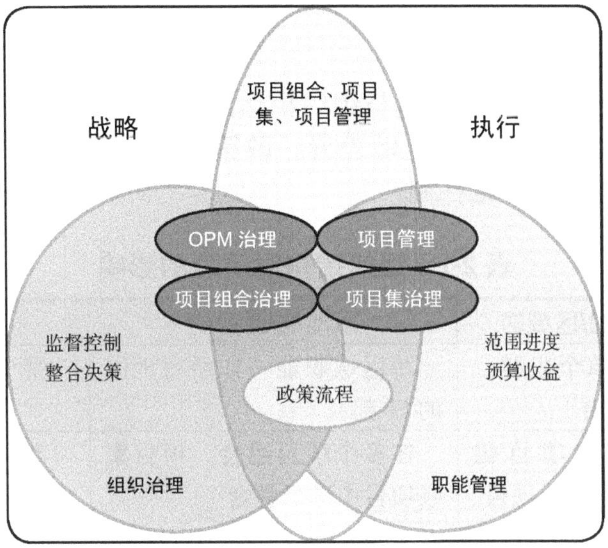

图 2-3　治理和管理的交互关系

- **OPM 和项目组合管理。** 需要设置合适的治理框架，将组织战略整合到项目组合、项目集和项目中。
- **项目集和项目管理。** 需要设置合适的治理框架以监督管理的执行。
- **职能管理。** 需要考虑资源、制约因素和当前实践；有些职能经理可能会成为项目组合、项目集和项目治理主体的成员。

在较小的组织中，治理层级的等级结构可能被简化，但在矩阵型、全球化组织中，治理结构会更复杂。组织级和 OPM 的治理框架、决策授权、边界或限制，以及项目组合、项目集和项目需要遵守的政策与流程，都应该被清晰定义和沟通。

2.3.3　OPM 治理的考虑因素

OPM 治理可能存在不同的形式和组织架构，这取决于组织的总体要求、文化、商业结构、背景和环境，需要考虑的特征属性有跨国公司，部门，政府机构，非政府组织（NGO），内部或外部客户，发展中的经济或市场，有形或无形的产品、服务或成果，预算，新产品研发，运营等。

OPM 治理的另一个考虑是整体治理流程。整体治理流程是治理活动的关键组成部分，包括战略一致性，优先级标准，项目组合、项目集和项目组件的授权，以及分配内部资源以实现组织战略和目标。把各层级的治理联系起来，以确保每个组织行动最终都与既定的组织战略相一致。对于任何大规模的变革行动，总的 OPM 治理实施计划中都应包含文化和组织变革管理。

表 2-1 展示了不同的组织类型以及与组织相适应的治理结构。此外，还需考虑文化的影响，包括组织愿景、使命、价值观、区域差异、政策法规、风险承受能力。领导者的观点、组织层级制度与授权。激励与奖励机制。

表 2-1　组织结构对治理的影响

治理框架	职能的/区域的	职能的/企业的	整体组织结构
治理范围	仅在单个职能、区域或部门	跨区域职能（如所有地区的 IT 部）	整个组织或职能
治理授权	特定的项目组合、项目集或项目	在多个项目组合、项目集或项目中进行整合	在整个组织的项目组合、项目集、项目和项目组合、项目集、项目管理实践中进行了整合
治理角色	兼职的职能或行政协调者	兼职混合（可能是职能经理，或者项目组合、项目集、项目经理）	委派了专职 OPM 项目经理
治理流程成熟度	只能满足特定的职能或项目要求	跨项目组合、项目集、项目的季度或年审流程到位	OPM 治理流程得到持续改进

如图 2-4 所示，组织中可能会实施不同的治理架构，这反映了组织现有的结构和流程。有的治理架构包括自上而下的多层级别；有的治理架构更为扁平化，职能跨越多个领域；有的治理框架只是针对某个特定的项目组合、项目集或项目。

2.4　角色与职责

责任分配矩阵（Responsibility Assignment Matrix, RAM）的一个例子是 RACI（执行、负责、咨询和知情）矩阵，如表 2-2 所示。表格中包括委派的治理角色和治理域的行动/决策区域，展示了治理行动/决策区域与治理角色之间的关系。可以为多层的、整合的治理层级编制 RAM，也可以为单一的项目组合、项目集和项目治理层级编制 RAM。本例是通过 OPM 对项目组合、项目集和项目进行整合治理的高层 RAM。

在项目组合、项目集和项目治理的各个层级上也需要建立 RAM，以明确各自的治理团队中针对具体行动、决策和活动的指定角色、职责和决策授权。矩阵形式可以展示一个人或角色所关联的所有行动/决策，以及一个行动/决策所关联的所有人或角色。列表中左侧的栏目表示治理域中的行动/决策。委派的资源或角色可以以个人或小组的形式出现。RACI 是一种有用的沟通工具，可确保对角色、期望和决策授权的清晰划定。

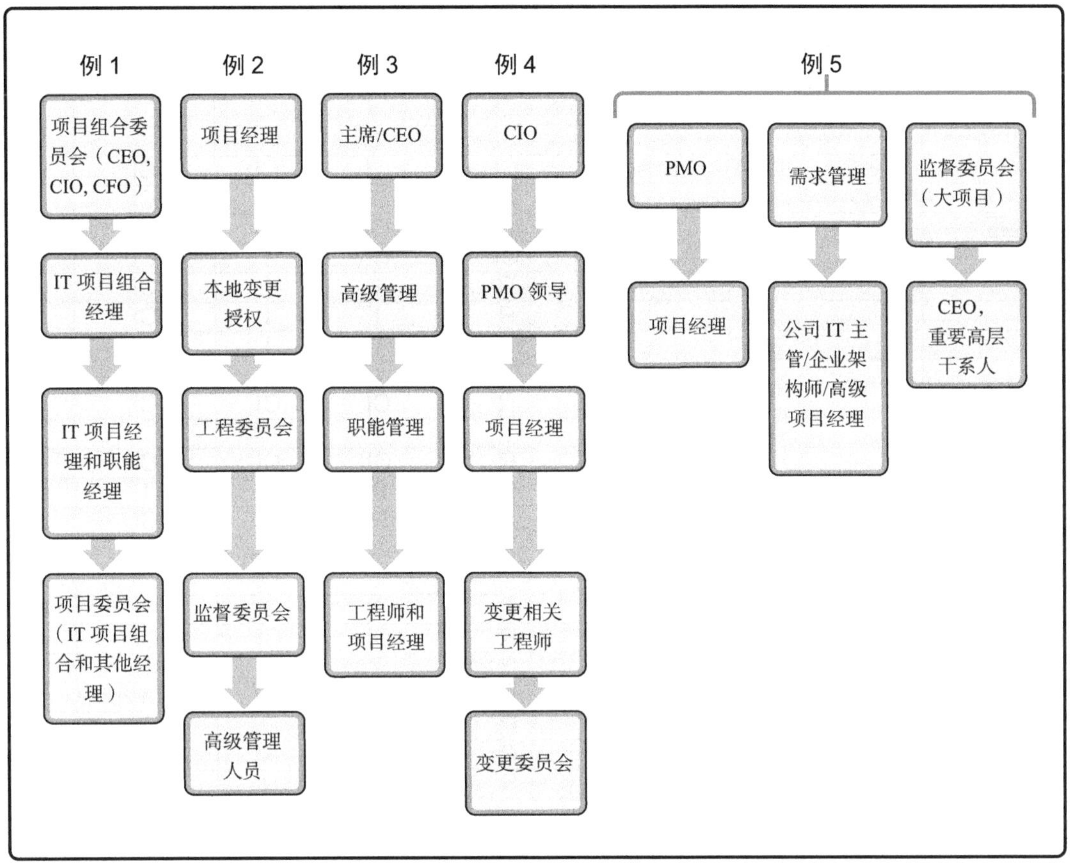

图 2-4　多种治理架构举例

2.4.1　OPM 治理主体

治理主体是一个临时或永久的机构（也被称为小组或委员会），对 OPM 治理的全面成功负有最终责任，并负责与其他治理主体（组织的或职能的）的整合，以及对项目组合、项目集和项目实践的统一。发起人，高级管理层，OPM 项目经理、项目集经理或项目经理都可能是治理主体的成员。

2.4.2　OPM 发起人

发起人是为 OPM 治理提供资源和领导的个人或团体，负责为成功创造条件。一位积极的、投入的、明确的发起人至关重要，应该向其授予适当的组织授权、资源和影响，以移除障碍，提供每日指导，保障 OPM 治理的成功，因为 OPM 治理的范围涉及整个组织，可能需要跨越职能和组织界限。

表 2-2　治理责任分配矩阵举例

行动/决策	OPM 和项目组合治理（项目组合包括项目集和项目）	项目组合经理	项目集经理	项目经理	项目组合发起人	其他项目组合干系人
治理域						
治理一致性						
治理整合	RA	CI	CI	CI	CI	CI
责任和授权	A	R	CI	CI	CI	CI
决策标准/流程	A	R	CI	CI	CI	CI
治理预算	RA	CI	I	I	CI	CI
优先级标准	A	R	I	I	CI	CI
投资资金	A	R	I	I	CI	CI
资源分配	A	R	I	I	CI	CI
资源承诺	A	CI	I	I	R	CI
运营活动整合	A	R	CI	CI	CI	CI
治理风险						
风险临界值	A	R	CI	CI	CI	CI
依赖关系跟踪	A	R	R	R	I	I
风险和问题升级	A	R	R	R	CI	CI
审计	A	R	R	R	CI	CI
治理绩效						
资源优化	A	R	CI	CI	CI	CI
投资优化	A	R	CI	CI	CI	CI
提议变更的评估	A	R	R	R	CI	CI
绩效/状态报告	CI	R	R	R	A	CI
KPI 监督/测量	I	R	R	R	A	CI
收益交付	CI	R	R	R	A	CI
阶段关卡审查	A	R	R	R	CI	CI
治理沟通						
干系人参与	CI	RA	R	R	CI	CI
整体路线图	A	R	CI	CI	CI	CI
沟通协调	I	R	R	R	CI	CI
沟通决策	A	R	CI	CI	CI	CI
组织变革管理	CI	R	R	R	A	CI
给组织的信息	A	R	CI	CI	CI	I
R=执行，A=负责，C=咨询，I=知情						

2.4.3　OPM 项目或项目集经理

为了有效实施或改进 OPM 治理，应该委派一位专职投入的项目或项目集经理来管理 OPM 治理框架实施项目或项目集。（为简单起见，本节使用 OPM 项目经理，根据组织不同可能委派项目集经理。）OPM 项目经理负责根据 OPM 治理章程对项目进行有效规划、执行、监督和交付。

2.4.4　项目组合、项目集与项目经理

项目组合、项目集和项目经理负责确保所有的项目组合、项目集和项目治理框架与 OPM

治理框架保持一致，与 OPM 治理管理计划中定义的目标保持一致，并且就框架和流程与全部干系人展开清晰的沟通。

2.4.5 PMO(项目组合、项目集或项目管理办公室)

PMO 指的是项目组合、项目集或项目管理办公室，分别支持项目组合、项目集和项目职能。在一个组织中，PMO 可能是定义和维护项目组合、项目集和项目管理相关流程标准的实体。PMO 可能是 OPM 治理的实施者或接受者，因为在一个组织中可能存在多种类型的 PMO，它们的范围、授权、报告级别和职责各不相同。

根据组织要求、文化和结构的不同，PMO 可能运作在企业、业务单元、部门或职能（如 IT、R&D、市场）等不同层级。根据组织需要，也可能存在特定目的的 PMO。比如，可能会成立一个企业资源计划（Enterprise Resource Planning, ERP）PMO 来管理 ERP 的实施，因为其中涉及人力资源和财务流程，所以会影响组织中的每个人。对没有相关职能的组织来说，PMO 的成立强调了对结构化的、正式的治理框架的需要，PMO 将承担治理职能。

PMO 可以通过以下方式支持或领导 OPM 治理：

- 制定组织治理框架、等级结构和关系。
- 监督项目组合、项目集和项目的战略一致性，并促进关键决策。
- 监督项目组合、项目集和项目流程的整合。
- 对项目组合、项目集和项目组件进行统一和优化；支持组件的提出和评估。促进优先排序和授权；并分配资源。
- 制定和维护项目组合、项目集和项目管理标准和方法论。
- 在项目组合、项目集和项目组件之间，以及在项目组合之间谈判和协商资源。
- 评估和升级问题与风险。
- 执行详细的项目组合、项目集和项目审查。
- 监督项目组合、项目集和项目绩效（实际与计划的对比）和关键绩效指标。
- 执行法律、规章、环境、财务和合规性审计。
- 监督对政策和程序的遵守情况。
- 促进组织范围内干系人的参与，并达成一致。
- 委派项目组合、项目集和项目经理实施组件。

2.5 OPM 的治理域、职能和流程

OPM 治理框架把关键流程分为四个域，每个域包括相关领域的若干活动或职能，这些活动有着独特的特征，以区分于其他域的活动。四个 OPM 治理域分别为 OPM 治理的一致性域、OPM 治理的风险域、OPM 治理的绩效域和 OPM 治理的沟通域。每个治理域有四个主要职能：

- 监督。为项目组合、项目集和项目提供全面的指导和引导。
- 控制。建立适当的控制、审计和审查，包括报告活动和风险管理活动。
- 整合。把战略与项目组合、项目集和项目的执行进行整合。
- 决策。建立跨项目组合、项目集和项目的决策流程。

表 2-3 反映了四个 OPM 职能与四个 OPM 治理域的对应关系。对于表中展示的各 OPM 关键流程来说，把它放在某个治理域，是由于它在这个域中发生的情况最多。但是，其中的活动可能是迭代和跨领域的。这些流程并非只适用于治理域中某个特定的活动，而是适用于所有的活动。

表 2-3 OPM 治理相关流程（按域和职能划分）

职能 域	监督	控制	整合	决策
OPM 治理的一致性域	• 执行组织战略一致性 • 建立治理主体 • 创建 OPM 治理章程 • 定期规划优先级和投资	• 创建 OPM 治理管理计划	• 使项目组合、项目集和项目执行与组织战略保持一致 • 整合项目组合、项目集和项目流程 • 创建项目组合、项目集和项目整体路线图	• 建立 OPM 决策流程 • 确定项目组合、项目集和项目组件的优先级和投资
OPM 治理的风险域	• 管理项目组合、项目集、项目的内部或外部依赖关系	• 创建 OPM 风险管理计划 • 建立 OPM 风险升级流程	• 整体依赖关系管理	• 解决和修复升级的风险或问题
OPM 治理的绩效域	• 开展项目组合、项目集和项目审查和审计	• 创建 OPM 绩效管理计划 • 建立 OPM 报告和控制流程 • 监督 KPI	• 执行整体绩效报告 • 跨项目组合、项目集和项目协调对资源能力和总量的需求	• 优化项目组合、项目集和项目资源 • 评估组织战略变更或项目组合、项目集和项目绩效的变更
OPM 治理的沟通域	• 与组织沟通关键信息	• 创建沟通管理计划 • 监督沟通有效性	• 执行沟通	• 报告所制定的决策，并附理由

2.5.1　OPM 治理的一致性域

OPM 治理的一致性域包括定义 OPM 治理章程和 OPM 治理管理计划；建立治理主体；整合项目组合、项目集和项目治理的层级结构；监督对治理管理计划的遵从，以及建立决策流程。

- OPM 治理章程。OPM 治理章程授权治理主体的形成，授权治理主体使用资源来实施治理相关活动。
- OPM 治理管理计划。OPM 治理管理计划描述如何执行治理框架、职能和流程，包括治理角色、责任和决策架构。
- OPM 治理主体。应该建立 OPM 治理主体，以确保与组织战略的持续一致，以及 OPM 结果的交付和治理框架的优化。OPM 治理主体负责对项目组合、项目集和项目管理进行监督；项目组合、项目集和项目经理负责遵守 OPM 治理框架，包括与各自现存项目组合、项目集和项目治理的整合。因为一个组织中可能存在多种治理层级和类型（如职能范围或组织范围的），所以治理主体应该建立一套决策框架，并确定在什么情景下由谁来制定什么类型的决策，如在治理管理计划中所详细描述的那样。基于决策框架，治理主体可以确定是否需变更或终止项目组合、项目集和项目组件。

2.5.2　OPM 治理的风险域

OPM 治理的风险域包括以下活动或任务：

- **风险管理计划**。创建一份风险管理计划。OPM 治理的风险管理计划展示 OPM 项目经理将如何通过实施治理来管理风险。
- **风险承受能力**。识别风险承受能力和临界值，建立风险升级流程。在风险管理计划中，需建立统一的风险和问题升级流程，并定义各个层级解决的临界值。
- **依赖关系管理**。把项目组合、项目集和项目中的依赖关系管理进行整合。
- **审计**。开展项目组合、项目集和项目审计。监督项目组合、项日集和项目的绩效，根据风险和复杂度开展审计。
- **内部/外部依赖关系审查**。审查项目组合、项目集和项目的内部/外部依赖关系。监督项目组合、项目集和项目之间的内部和外部依赖关系，以及风险和其他外部因素。内部和外部依赖关系应该由 OPM 治理主体进行审查。

- **升级风险和问题**。对升级风险和问题的解决建议进行批复。为了解决和修复风险与问题，OPM 项目经理应该将其升级给治理主体来做决策，因为可能存在组织范围的广泛影响。依据风险和问题升级流程，将风险和问题包括在 OPM 仪表盘报告和评审中。

2.5.3 OPM 治理的绩效域

OPM 治理的绩效域包括以下活动或任务：

- **整体绩效管理计划**。创建整体绩效管理计划。OPM 治理的绩效管理计划可能是 OPM 治理管理计划的组成部分，也可能是单独的一份。这份计划应该包括期望绩效，既有定性，也有定量，以确保 OPM 可以交付期望的结果。汇报架构和控制流程也可以作为此计划的一部分。

- **整体报告和控制流程**。审查整体报告和控制流程。向治理主体、发起人、PMO 和关键干系人提供绩效报告非常重要。这个关键域促使 OPM 项目经理收集必要数据以测量绩效。

- **审查**。审查项目组合、项目集和项目组件的结果。治理主体应该根据绩效管理计划，通过绩效审查如审计、关卡审查和项目组合审查等手段对组件绩效进行监督。应该对绩效数据进行评价，以确保 KPI 在期望的参数范围内，且资源得到优化利用。

- **KPI**。审查 KPI。有些组织采用 KPI 来测量范围、进度、预算、收益和质量方面的绩效。

- **提议的变更**。批复提议的项目组合、项目集和项目变更。提议的项目组合、项目集和项目变更可能会对结果造成影响，应该由治理主体进行评价并做出决定。

2.5.4 OPM 治理的沟通域

OPM 治理的沟通域包括以下活动或任务：

- **沟通管理计划**。创建一份沟通管理计划。OPM 治理的沟通管理计划可能是 OPM 治理管理计划的组成部分，也可能是单独的一份。该计划应该描述如何及何时向治理主体、发起人和关键干系人报告相关信息，如项目层面的风险、绩效和项目结果。沟通管理计划还描述如何及何时对不同的治理决策进行沟通，以及如何从关键干系人处收集反馈。

- **沟通**。执行沟通。OPM 治理主体应该在沟通和决策过程中，保证对项目组合、项目集和项目经理、发起人、PMO 和关键干系人的透明度。OPM 治理主体应该基于沟通计划监督沟通情况，并采取措施改进沟通。

- **决策理由**。汇报做出的决策，并提供决策理由。治理做出的决策应该透明，附有决策理由，并向干系人报告。对角色、职责和决策授权也应该进行沟通。

2.6 OPM 治理框架的实施

应该启动一个项目或项目集来实施或改进 OPM 治理，采用四个实施步骤，形成持续改进循环。四个步骤：

- 评估。评估当前治理状况；建立未来治理愿景；执行差距分析。
- 规划。编制详细的治理管理计划，把治理实施或改进作为一个项目。
- 实施。实施计划，包括组织变革管理。
- 改进。识别改进点，执行绩效度量，规划下一个循环。

图 2-5 展示了流程优化和改进项目的典型迭代周期。这表明一个组织必须付出持续的努力，才能维持其治理框架的高绩效。需要注意的是，虽然治理框架的实施是持续的过程，但必须服从组织级的领导，其架构和授权都应高于整体的项目组合、项目集和项目。这四个步骤在执行过程中可能有交叉，也可能是直线推进。框架的渐进迭代体现了持续改进，这是被普遍认可的良好实践。

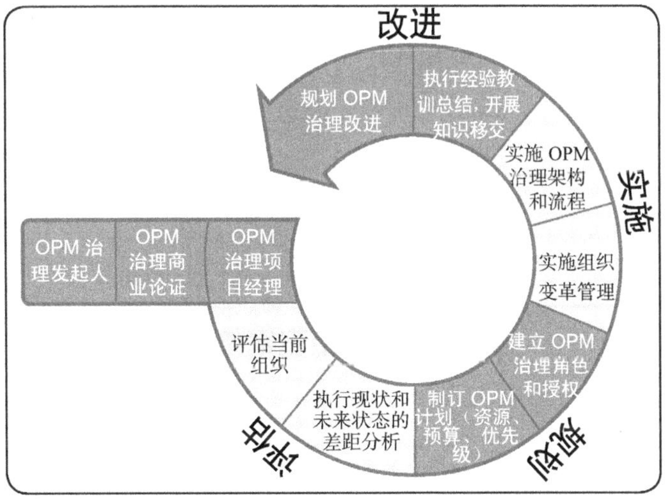

图 2-5 OPM 治理框架流程改进周期

为确保有效，必须把 OPM 治理框架的实施作为一个具体的项目或项目集来执行。需要考虑组织规模、复杂性等因素，从而在项目集和项目实施方法中选择出一种最合适的方法论。项目集或项目一旦被启动，就需要开始评估组织需求。

OPM 和项目组合管理的关注重点就是建立适当的治理框架，把组织战略整合到项目组合、项目集和项目中，因此，强烈建议在阅读第 4 章或第 5 章有关项目集和项目治理框架实施以及四个步骤的活动和交付成果的详细描述的同时，一定要回顾和考虑第 3 章的活动和交付成果。

图 2-6 是 OPM 治理实施框架的概览图，细节将在 2.6.1 节～2.6.5 节中描述。

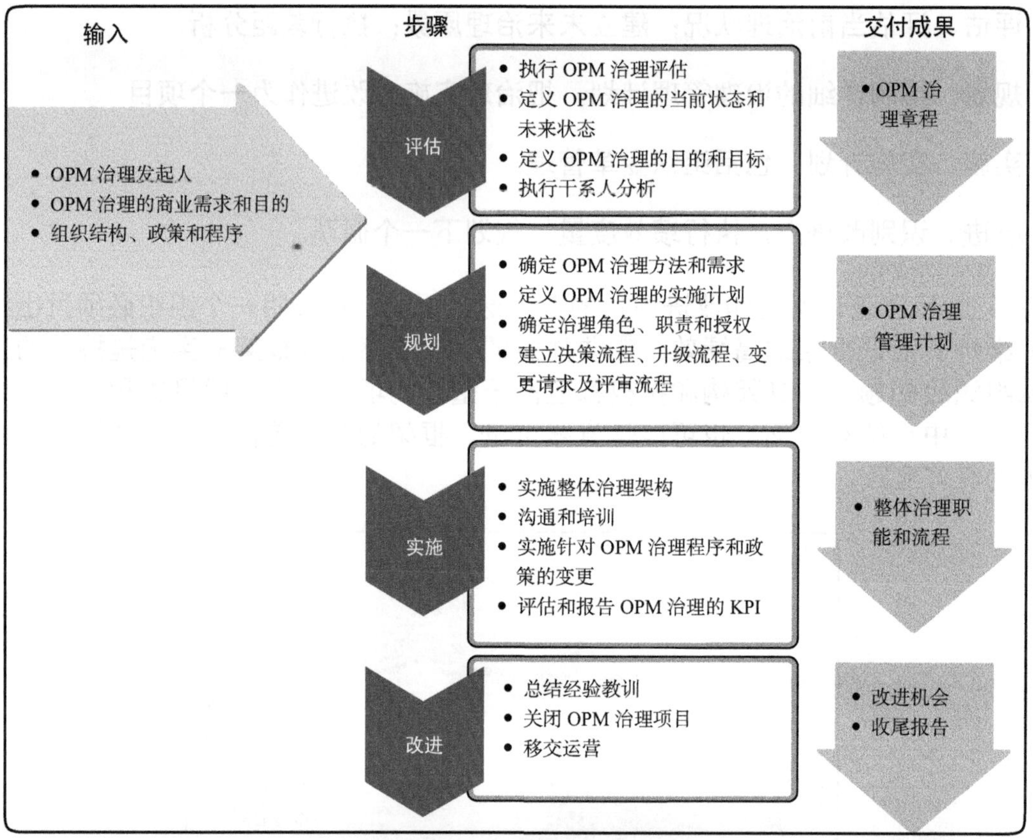

图 2-6　OPM 治理框架实施

2.6.1　评估

评估对 OPM 治理的需要，包括识别授权组织的需求、期望，以及具体的组织输入和输出，这些信息将被整合起来，用来评估 OPM 治理的组织变革准备度。

第一步非常重要，通过该步骤可理解 OPM 治理的当前状态、授权组织的期望、对未来状态的愿景，以及将要实施的流程。对组织的不同领域进行评估，对照未来状态愿景，可以识别差距，从而有助于建立有效的 OPM 治理框架和总体项目集。可以采用多种技术来收集信息，比如调查、在访谈或工作会议中询问开放式问题等。

评估步骤的输入包括：

- 战略目的和目标。
- 早前做过的组织治理评估。
- 组织结构、政策和程序。
- 对现有管理团队或治理主体及当前治理架构的理解。
- OPM 治理的发起人。
- 项目组合、项目集和项目管理的方法论。
- 治理的商业需求和价值（商业论证）。
- 项目组合、项目集和项目的能力和承载量评估。
- 项目组合、项目集和项目的清单、状况和绩效。

执行评估步骤时的一些关键活动：

- **执行分析和评估。**包括变革准备度评估、文化和组织结构。确定什么将影响治理实施的成功。执行干系人分析，识别并联合干系人，以理解文化、政治和担忧。需要评估的领域包括项目组合、项目集和项目管理的能力和承载量、PMO、信息系统、知识管理、审计支持、教育和培训，从而确定当前治理架构中的最终负责者和决策授权，以及当前系统和方法的有效性。
- **定义 OPM 治理的交付成果。**交付成果可能包括带有决策授权的整体整理架构、支持架构、沟通、培训、职能、流程和程序。
- **定义 OPM 治理框架。**指治理主体的决策框架。该框架应该包括角色、职责和授权。OPM 治理架构可能与组织架构是分离的，也可能被整合在一起。非常重要的是，需要把与组织中其他治理主体和架构之间的关系和责任制定义清楚。
- **执行 SWOT/风险分析。**分析优势、劣势、机会和威胁，确定已识别风险对实现 OPM 治理目的和商业目标的影响。
- **确认 OPM 治理的范围、需求和关键成功因素。**在确定范围、需求和关键成功因素时，邀请关键干系人参与非常关键。确定哪些在范围内，哪些在范围外，以及受影响的组织领域。

评估步骤需考虑的因素包括：

- 每个组织都有自己的内部治理框架，这将影响评估步骤所需的投入。需要考虑的因素：项目组合、项目集和项目治理的存在；组织规模；现有的项目组合、项目集和项目方法论；现有治理主体的数量和架构，这将有助于建立更为准确的成本估算，以及实施 OPM 治理框架所需的资源。
- 当前没有治理框架的组织很可能需要为实现统一而持续的治理而进行斗争。
- 已经实施了项目组合、项目集和项目治理框架的组织更容易把治理框架扩展到整个组织，这将降低 OPM 治理实施所需的成本和资源数量。

评估步骤的关键交付成果包括：

- 评估报告与当前和未来状况的差距分析。
- OPM 治理章程。

评估步骤的其他输出包括：

- 对 OPM 治理的需要得以澄清。
- 组织的变革准备度得到定义和理解。
- 治理实施和变革的范围得到批准。

差距分析和评估报告中的评估应该描述当前状况、差距、期望的未来状况，如下：

- 当前的项目组合、项目集和项目管理政策和实践。
- 当前的 OPM 和其他治理模式（如适用）。
- 现有的治理能力和架构，包括 PMO。
- OPM 治理模式在组织内的整合程度。
- 当前的治理模式的成员和决策授权。
- 事业环境因素和组织过程资产（政策和程序、项目组合管理信息系统和经验教训总结）。
- 有效治理实施所需的组织变革管理。
- 基于 OPM 治理未来状态愿景的差距分析。

- 组织变革准备度评估。
- 治理实施的范围。
- 组织管理层对承担建议转型的接受度。

表 2-4 展示了在实施 OPM 治理之前，对一个组织的项目组合、项目集和项目治理的当前状况进行评估的例子，其中包含三种潜在情景：

表 2-4　OPM 治理评估工具举例

		情景 1	情景 2	情景 3
OPM 治理建议		没有通用的治理框架，所需投入和资源显著。建议在开始 OPM 治理实施之前，先开始单个项目组合或项目集层面的治理	在项目集和项目层面上存在良好的治理框架；可以开始 OPM 治理实施，但需要关注资源、时间和组织变革管理	在各个领域都有治理框架；建议实施 OPM 治理。关注现有框架的统一和整合
OPM 治理评估		所需的投入、成本、资源和一致性工作很多，组织变革管理也是一项挑战	需要规划和考虑投入、成本和组织变革。可能有机会对项目或项目集层面的现有治理框架进行调整，以实现效率	投入和成本可能不是主要因素，因为有可能仅是对现有框架和架构进行调整。项目组合治理可以扩展到组织层面。组织把治理看作实现目标的有效手段
项目组合、项目集和项目治理框架	项目组合治理	当前没有项目组合治理框架；决策的效果和效率都不高；流程可能存在冗余，多个领域中都有独自的治理架构	可能存在一些单个的项目组合治理框架，但没有在项目组合、项目集和项目之间形成统一	存在总体项目组合治理框架，有通用的框架，并在项目集和项目形成统一；流程受控，且可以持续改进
	项目集治理	可能存在治理框架，但几乎都是针对各个具体的项目集；治理主体在项目组合、项目集和项目之间没有形成统一	存在通用的项目集治理，包括与项目的整合；根据目标收益对结果进行度量	项目集治理得到监督和控制，以确保实现项目的目标收益。项目集之间共享通用的治理框架和良好实践，并可以持续改进
	项目治理	可能存在一些单个项目治理框架；治理主体没有形成统一；流程可能存在冗余，或者缺乏共享，对流程的持续改进不到位	存在总体治理框架，可能在项目间已形成统一；可对结果进行度量；治理主体理解收益，并能积极参与	存在治理框架，而且得到了监督和控制；治理主体积极参与，并保持一致；所有项目采用相同的治理框架，并可以持续改进

- **情景 1**　展示了不存在项目组合、项目集和项目治理框架，或仅在单个项目组合、项目集或项目层面存在，这种情况下，不建议开始实施 OPM 治理，因为投入、成本、资源和组织变革管理可能不允许。总体建议是从项目组合框架入手，开始统一单个项目集和项目治理。

- **情景 2**　展示了当前已经有统一的项目集和项目治理框架，同时在存在某些单个项目组合的治理框架，这种情况下，建议开始 OPM 治理框架的实施。总体建议是，聚焦于对项目组合、项目集和项目治理框架的协调、统一和提升，并考虑实施所需的投入、成本和组织变革管理。

- **情景 3**　展示了存在统一的项目组合、项目集和项目治理框架，这种情况下，建议开始 OPM 治理框架的实施，主要聚焦于现有架构之间的治理整合和精简。主要关注点是调整现有架构的流程，减少潜在的重叠授权和职责，促进快速决策，实现高效率。

作为评估步骤的关键输出，OPM 治理章程授权 OMP 项目经理使用资源来实施或提升 OPM 治理职能与流程。治理章程描述了与现有组织治理之间的关系，以及治理如何为组织交付价值。

OPM 治理章程应该包含以下内容：

- **目的和目标**。陈述实施 OPM 治理的目的和目标；确定并组建治理主体；确定新的治理职能或需要改进的流程；确定关键成功因素、KPI 和期望结果。
- **组织范围内治理的统一**。具体说明 OPM 治理将如何被整合到现有的整个组织架构中，包括治理组织架构的建立或变更流程；责任、授权和权限的确立或变更流程。
- **问题陈述和商业收益**。识别商业需求和预期交付价值；把需求和价值与组织战略、使命、愿景及目标联系起来。识别影响因素，如复杂性、政治、文化、架构和内外部干系人。
- **治理范围边界**。清晰描述治理的范围，包括对受到影响的单个、多个或特定职能的描述。确定要对哪些政策和相关职能进行改进，要实施哪些新的流程。
- **时间和预算**。确定实施或改进治理所需的里程碑、资源和预算。
- 关键假设、制约因素、依赖关系和风险。考虑资源、预算和运营限制。
- **团队成员和角色**。识别 OPM 治理发起人、职能领导、PMO 及其他关键成员（根据情况）。

OPM 治理章程为规划步骤提供关键输入。

2.6.2 规划

第二个步骤是对新建或改进的 OPM 治理框架、职能和流程的未来状况的实施进行规划。该步骤的产出是治理管理计划，其中定义了治理实现途径，以及如何实施和管理。在规划变革时，应该考虑人和文化方面的问题。因此，在规划路径、过渡和整合时，组织应该联合干系人。根据治理变革的组织深度，治理管理计划应该使组织文化、结构和变革准备度与实施路径保持平衡。应该考虑一种及早见效、持续增量改进的路线，特别在那些之前有抵触变革历史的组织中。

规划步骤的活动包括：

- **规划整体治理路线和需求。**确定实施职能与流程以及如何将其与现有治理框架、成功因素和关键干系人需求整合到一起的整体路线。根据变革的程度以及预留给设计、开发和测试过程的时间，编制一份包含排列了优先顺序的阶段的整体变革路线图。规划步骤应该考虑如何融合现有资源和流程，因为有可能需要对现有治理框架进行精简，以实现效率。
- **制定项目进度表。**进度表可能包括活动的关键顺序、所需资源和投入。
- **建立治理角色、职责和授权。**确定治理主体的成员、角色、职责和决策授权。可能包括 PMO、项目组合经理、项目集经理、项目经理以及发起人的角色、职责和决策授权。虽然 OPM 治理框架可能会扩展某些职责，也可能削减单个项目组合、项目集和项目的一些职责。应该建立 OPM 治理的组织架构以及与其他治理主体的关系和层级。
- **建立治理职能和流程。**定义将要创建或提升的职能与流程，以及监督和决策的临界值。项目组合、项目集和项目的特定领域包括：
    - 优先排序与资金提供。
    - 决策层级，包括什么类型和什么临界值内的决策可以委托给项目组合、项目集或项目。
    - 风险偏好、态度和升级。
    - 审查和审计。
    - KPI。
    - 整体报告。
- **OPM 治理框架实施规划。**图 2-7 列出了可用于编制 OPM 治理管理计划的一些关键问题。这些问题可作为规划的起点，分属以下领域：

- ○ 评估 OPM 治理的当前状况。
- ○ 评估 OPM 治理的未来状况。
- ○ 规划如何在组织中沟通 OPM 治理。

1　关键问题

OPM 治理的当前状况

1. 组织战略或目标是否因内部或外部因素而发生过改变?
2. 可以采取哪些措施来保证与组织战略计划的持续一致?
3. 把组织战略落实到项目组合、项目集和项目决策的速度有多快（开始/停止/持续）?
4. 当前项目组合、项目集和项目的信息可获取吗? 及时吗? 可靠吗? 可执行吗?
5. 绩效是否达到了预期?
6. 可以采取什么行动来提升或加快绩效?
7. 需要考虑哪些风险?
8. 如何利用机会?
9. 当前的治理架构中存在多大程度的冗余或重叠?
10. 在当前正在运行的项目组合、项目集和项目中，如何制定决策?

2　关键问题

OPM 治理的未来状况

1. 需要建立什么流程来确保与组织战略或目标变更的一致性?
2. 需要对当前治理框架进行调整，还是需要建立一个新的治理框架?
3. 如何精简治理架构，使得决策过程更快?
4. 应该如何确定架构中的成员、范围和临界值?
5. 如何改进项目组合、项目集和项目中的信息，使其变得可获取、及时、可靠、可操作?
6. 如何委任负有最终责任的领导者参与决策?
7. 相对于 OPM，单个项目组合、项目集和项目中应该如何决策?

3　关键问题

组织沟通的要求

1. 我们需要和我们的干系人分享哪些关键信息?
2. 干系人需要知道我们的哪些决策和已经采取的行动?
3. 我们应该如何沟通（频率、渠道、类型），由谁来沟通?
4. 关于战略一致性、绩效、风险等领域的哪些信息应该得到沟通?

图 2-7　OPM 治理框架实施规划

OPM 治理管理计划是规划步骤的关键输出，应该包括：

- **介绍与背景**。提供先前评估步骤的基本背景信息，包括商业需求。
- **目的和目标**。使计划与章程中定义的目标及范围保持一致。
- **风险、依赖关系、假设和制约因素**。列出关键风险、依赖关系、假设和制约因素，包括组织、资源、预算和运营等方面的限制。
- **时间表和预算**。包括预计里程碑、阶段及实施 OPM 治理所需的财务投资。
- **OPM 治理架构**。包括对新建的或改进的治理架构（如治理主体、治理委员会或督导委员会）、成员、角色、职责和决策授权的描述。
- **团队成员、角色和职责**。识别团队成员、角色和职责，该团队将管理新建或改进的治理流程的实施。

　

- **干系人矩阵**。按照在治理流程的设计、实施和支持中的角色、利益或期望，列出需要联合和沟通的干系人及干系人团体。

- **治理职能和流程**。描述计划中治理职能和流程的设计、实施和改进路线。描述如何将职能和流程整合和移交到日常业务中。一种被普遍认可的良好实践是持续改进，因此，计划应提供定期评估，以度量进展，发现所需的调整。

- **KPI 指标和度量**。定义 KPI 方法和度量技术，用来评估 OPM 治理的落实情况。这些 KPI 方法和度量技术应该被基线化，并定期进行收集、整合和报告。这些 KPI 关注 OPM 治理的有效性和效率（如决策的成本和时间），使用情况，以及项目组合、项目集和项目的整体绩效（如实施前后项目组合、项目集和项目的成功率）。可以通过平衡记分卡或仪表盘表来报告 KPI，以强化 OPM 治理的价值主张。

- **组织变革管理**。计划中应该描述如何促成组织变革，应包括联合关键干系人以倡导变更、收益和影响。应该整合多种方法和渠道，创建机会开展双向对话并吸纳反馈。

- **沟通和培训**。描述在治理流程的设计、实施和支持过程中的沟通和培训。

- **支持职能**。应该识别需要支持的领域，如现有的 PMO 和其他需要调整的领域（如财务、IT 等）。应该描述在流程实施过程中及实施后的反馈和支持方式。

完成之后的 OPM 治理管理计划应该得到关键干系人的批准，并且在组织中进行广泛沟通，特别是高层管理和其他需要参与以确保成功实施的人员。治理管理计划是实施步骤的关键输入。

2.6.3　实施

OPM 治理的实施步骤中，实施团队将为 OPM 治理设计政策、程序和流程，然后执行治理管理计划，在全组织范围内展开 OPM 治理。

该步骤包括实施 OPM 治理框架未来状态的细节开发。OPM 治理实施团队可能会开展调查、工作坊和访谈，以开发 OPM 项目交付成果的输入。团队按照 OPM 治理管理计划来实施 OPM 治理，如制定或提升职能与流程，建立或修改治理主体的职责和授权范围，筹备组织变革，并运作变革。

实施步骤的活动包括：

- **实施整体治理架构**。新建或改进治理架构（如治理主体、治理委员会或督导委员会）、成员、角色、职责和决策授权。可能包括会议日历协调和相关的沟通。

- **实施组织变革管理**。根据事先定义的要求，在实施期间和实施刚刚完成后，提供组织变革管理支持，包括向团队成员或干系人请求支持与获取支持的详细方式。执行定期调查来评估变革的接受程度，并根据需要采取纠正措施。

- **开展沟通和培训**。在实施前，根据需要与干系人沟通并提供培训。对事件和时间表进行沟通。对所需的潜在变革，报告和跟踪参与、反馈和结果。确定变革准备度以开始实施。

- **实施新的或改进的治理职能、流程和程序**。设计职能和流程并文档化，包括政策、程序、工具和技术。正式的政策中将明确组织所需的流程和工具。根据变革的复杂度和风险，在大范围实施之前，需要对流程进行试点并做必要的更新。试点结束后应召开反馈会议。当只是对流程或工具进行改进时，不一定要试点。

- **评估和报告 OPM 结果**。实施时，应开始收集、整合和报告事先定义的指标和测量值，如流程绩效、变更实现的程度，以及实施计划中定义的绩效参数的结果。调整计划以解决偏差。

实施步骤的关键交付成果包括：

- 与 OPM 治理的效果和效率有关的 KPI 度量结果，以及项目组合、项目集和项目的绩效。

- 投入运作的职能和流程。

- 整体治理审查。

- 实施步骤的其他输出包括（注意：其中一些因素可能本来就存在只是需要更新）：

- OPM 治理模板。

- 政策。

- 程序。

治理主体将要使用的一些文档也是实施步骤的交付成果，例如：

- 解释如何及何时执行组织级治理的程序（会议、目的、范围等）。

- 政策（针对特定情景事先定义的决策）。

- 管理有关治理主体、范围、授权和成员的变更流程。
- 解释如何及何时更新治理框架和如何处理变更请求的程序。
- 各个层级（组织级、项目组合、项目集和项目）的委员会的模板。

图 2-8 展示了如何组织决策会议的一个例子。该模型也可被用作任何把决策作为期望结果的会议的通用结构。这类模型的优点是使治理主体可以与各个决策会议（任何层级）保持统一，可以看出谁负责采集信息、执行分析和制定决策。

实施步骤结束时，所有的实施活动都得以完成，新建或改进的 OPM 治理框架、职能和流程都已经投入运行。实施步骤的交付成果是改进步骤的输入。

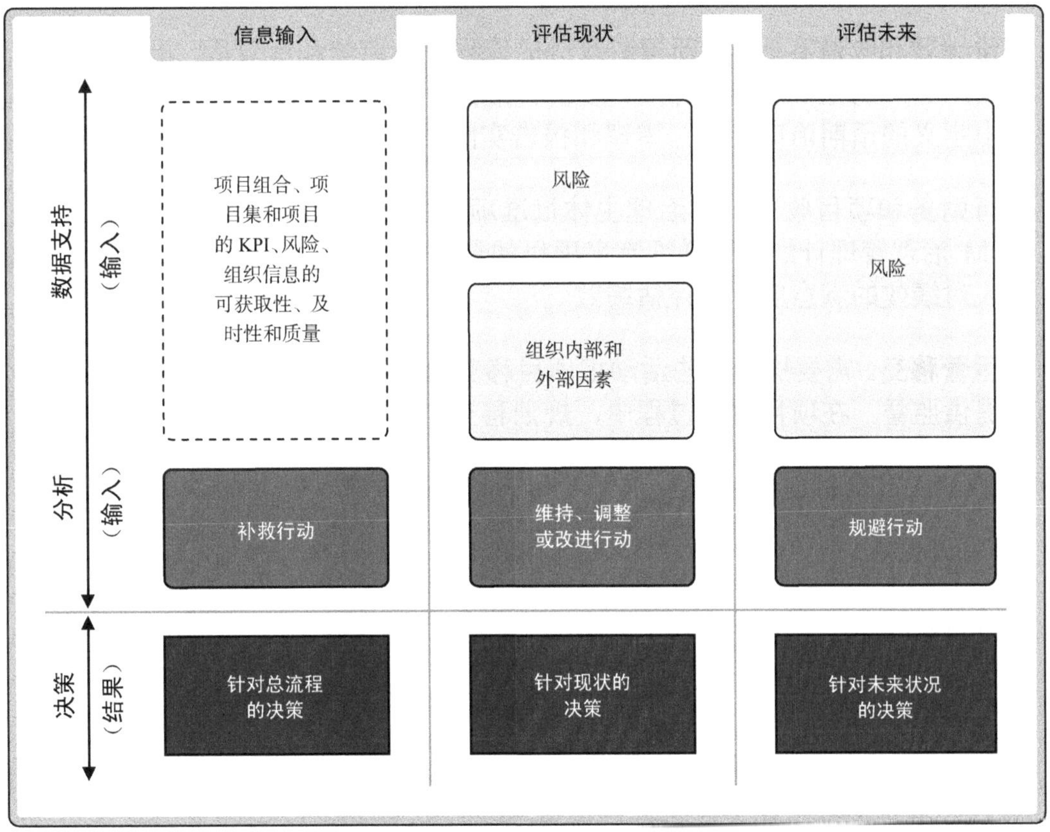

图 2-8　治理会议框架图（基于决策、沟通、绩效和风险因素）

2.6.4 改进

改进是第四个也是最后一个步骤，对前一步骤（2.6.3 节）的实施进行评价。改进步骤包括执行经验教训总结、评价绩效、识别未来的潜在变更、向运营移交，以及关闭项目。这个步骤的结果可能是整体持续流程改进的开始。可能情景包括 OPM 治理需要扩展，或发现差距需要改进，如果识别到这些情形，就需要排列优先顺序，并启动改进行动。

改进步骤的活动包括：

- **执行经验教训总结。**执行经验教训总结，收集干系人对实施的反馈。记录并分享反馈和经验教训，并将其更新到组织知识库中以备未来改进。在开始下一次实施前，审查经验教训和反馈可发现良好实践。
- **评价绩效和收益实现。**对新建或改进的流程进行监督和审查后，根据治理管理计划中定义的 KPI 方法和指标，评估、度量和报告使用情况和结果。对照章程和治理管理计划中定义的预期治理收益，审查和报告实际情况，判断收益实现是否达到预期。
- **执行财务和项目收尾。**在治理主体批准项目关闭之前，执行最终审查。商业论证和 OPM 治理管理计划应该详细定义项目的最低验收标准和度量值。因此，需要审查干系人对绩效的满意度，并评估绩效。
- **向运营移交。**需要执行一些活动把项目移交给将负责持续运行的业务领域，如 PMO，以提供监督。在项目收尾过程中，规划移交，并把当前责任从项目团队移交给运营。

改进步骤的关键交付成果包括：

- 绩效评价。
- 改进机会。
- 收尾报告。

需要对治理框架进行持续监督，以确保信息流动并遵守实践和流程。如果组织采用了持续改进的策略，实施框架中的步骤将被反复执行。

2.6.5 实施的基本因素

OPM 治理的实施有一些基本因素，包括决策层和高管的支持与期望，组织其他部门和团体的参与，项目组合、项目集和项目的类型和数量，其他的组织框架和治理架构。根据组织结构和规模的多样性及复杂度，这些因素可能简单，也可能复杂。

- **高管支持**。成功治理实施和提升需要来自管理层明确的、积极的承诺和持续的领导。来自执行高层的全力支持和认同将极大地提高治理实施的成功机会。

- **OPM 治理授权**。应该确立具有决策授权的总体 OPM 治理主体（委员会、小组），并定义其与其他治理主体和组织架构之间的关系和级别。治理主体应该定义需要治理审查的变更类型和级别，以及可以委托给项目组合、项目集或项目级的变更类型和级别。

- **治理职能和流程**。把治理职能、流程和职责记录下来并进行沟通非常关键。

    - OPM 治理主体应该对确保质量标准并遵守强制实践与流程负主要责任，如有关状况、范围、里程碑、风险、收益、变更和财务绩效的报告和控制流程。
    - 应该有持续的、坚定的领导力，根据组织战略计划和目标，审查项目组合、项目集和项目的整体结果，制定有关资金划拨、资源分配、风险或问题升级以及变更请求的决策。
    - 应该持续联合干系人，特别是在 OPM 治理框架、职能和流程变革之前、之中和之后，以期实现有效治理。

3

第 3 章　项目组合层级的治理

3.1　概述

本章描述项目组合和项目组合管理、项目组合治理、角色和职责、治理域、职能和流程，以及在项目组合管理过程周期内实施治理框架的建议方法。本章也包含项目组合治理关系和考虑因素。建议先阅读第 1 章（引论），然后再根据兴趣选读其他章节。

项目组合治理非常基本和关键，有助于加强最终责任制、优化投资，以及向合适的决策者升级问题。项目组合治理也提供了协调跨业务领域战略决策和改善沟通的能力。

项目组合治理主体制定有关战略一致性、投资以及包含与项目集、项目和运营的项目组合的优先级相关的决策，并对这些决策的制定提供指导。

3.2　项目组合和项目组合管理

《项目组合管理标准》（第 3 版）把项目组合定义为："为了实现战略目标而放在一组管理的项目、项目集、子项目组合和运营。"一个或多个项目组合的存在是为了实现一个或多个组织战略和运营目标。项目组合有其范围，并随着组织战略目标的变化而变化。项目组合的成功通过投资优化和项目组合绩效而得以度量。

如《项目组合管理标准》（第 3 版）的定义，项目组合管理是为实现战略目标而对一个或多个项目组合的集中管理。项目组合管理提供了治理机制，使得项目组合治理职能支持治理主体的决策活动，从而确保投资最优化。

3.3　项目组合治理

与组织级治理相一致，项目组合治理的建立为项目组合管理职能提供指导与监督，从而优化投资并满足组织战略和运营目的。项目组合治理与项目集或项目治理的关键区别在于，项目组合治理聚焦于提供指南以实现项目组合目标，使其与组织战略和运营目标保持一致，同时确保实现投资优化。它就如何最佳使用有限资源和资产并整合运营活动与项目集和项目工作从而满足项目组合目标提供指南。除本实践指南外，《项目组合管理标准》（第 3 版）提供了有关项目组合管理流程的更多信息。

3.3.1　什么是项目组合治理

本实践指南把项目组合治理定义为："为了优化投资和满足组织战略和运营目标而对项目组合管理活动提供指导的框架、职能和流程。"术语"治理框架"是指服务于项目组合、项目集和项目的包含职能、流程和活动的四种治理域。治理职能是跨治理域的一组相互关联的流程，治理职能的执行旨在支持项目组合、项目集和项目治理。治理职能包括监督、控制、整合和决策。关于域、职能和流程的概述，参见 3.5 节。

项目组合治理对项目组合管理活动提供指导，以优化投资和实现组织战略目标。这些活动对照计划汇总项目组合价值来判断实际价值，从而确保组件在可接受的风险程度内交付最大的投资回报。当组织战略发生变更时，治理需要评估对项目组合的影响，并确定需要对项目组合目标、计划和组件进行哪些调整。同样，当项目组合目标、战略或计划发起变更请求时，治理需要提供决策机制来响应建议的战略变更。当项目组合目标、战略或计划正在发生变化时，持续的战略调整可能对计划的和交付的收益产生影响。

项目组合治理对决策、提供监督、确保控制和监督项目组合组件整合提供框架。项目组合治理确保通过对组件的正确调整来实现组织战略。项目组合治理负责关于资源（如人力、财务、物料、设备）的决策，确保与投资决策和优先级保持一致，同时考虑所有显著的组织制约因素。

基于已经建立的项目组合授权架构，项目组合治理决策可能在组织的不同层级发生，以支持在组织战略规划过程中定义的具体的战略、目的和目标。

治理指南、决策和流程可能横跨一个组织的组织和职能管理领域。项目组合治理指南和监督可能源自组织治理和多个治理主体。为了高效，这些治理主体应该关联在一起，以确保每个决策都与定义的组织战略相一致。应该考虑项目组合的背景和组织环境，以确定所需的治理。项目组合治理应尽可能简化授权架构，因为治理的决策和监督活动都需要时间和成本。图 3-1 提供了项目组合治理的组织架构的例子，其中项目组合治理通过治理主体向各个子项目组合、项目集、项目和运营团队提供组件治理。

　

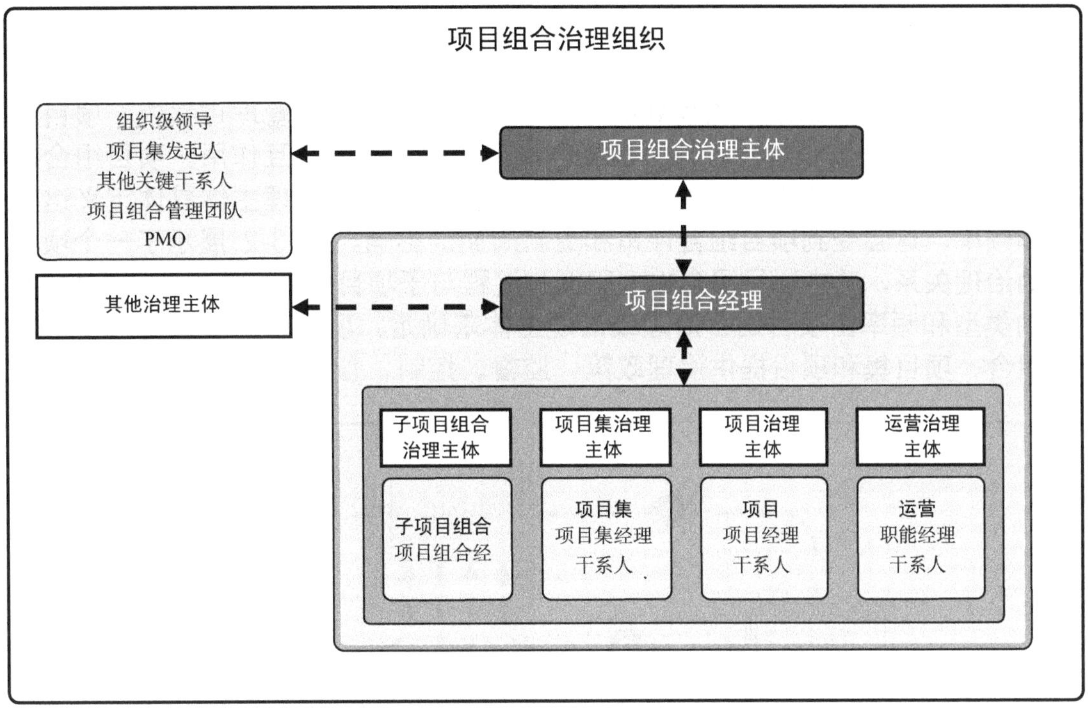

图 3-1 项目组合治理组织示例

治理主体向项目组合管理团队和项目组合经理提供监督和决策支持。所制定的决策可能会影响项目组合内当前或未来的项目和项目集。这些影响包括对项目组合内项目集或项目的终止、取消或重排优先级。治理主体确保决策与组织战略相一致。有关项目组合绩效的风险和问题被升级到治理主体做所需的决策。治理主体确保项目组合目标和投资组合与组织战略及运营目标相一致。其他针对子项目组合、项目集、项目或运营的治理主体（如投资审查委员会）也可能存在，从而为这些特定的组件提供治理。

项目组合治理流程和活动确保对项目组合绩效的评价，并根据需要提供有关资源、投资和优先排序的决策。项目组合经理或项目组合管理团队向治理主体提供有关决策和指导的建议。这些建议可能包括增加新组件（项目集和项目）、暂停或变更已有的组件。根据适应情况，项目组合治理就项目组合绩效的报告和决策在组织治理主体和项目组合管理办公室之前进行整合。

3.3.2　项目组合和治理的关系

项目组合治理是实现组织战略规划的基本要素。在项目组合管理过程中，项目组合的单个组件，即项目、项目集和运营，与项目组合治理流程与活动相互作用。项目组合组件的输出应该被收集和整合，用来监督和汇报绩效。项目组合管理或治理主体具体定义这些相互作用的类型和频率，这会受到项目组合评审和更新周期的影响。图 3-2 展示了一个项目组合结构内元素的治理关系，其中项目组合治理职能和流程与子项目组合、项目集和项目相互关联。治理活动的类型和频率由项目组合治理或治理主体来确定。项目组合治理向项目组合结构内的子项目组合、项目集和项目提供治理政策、监督、控制、整合和决策职能与流程。

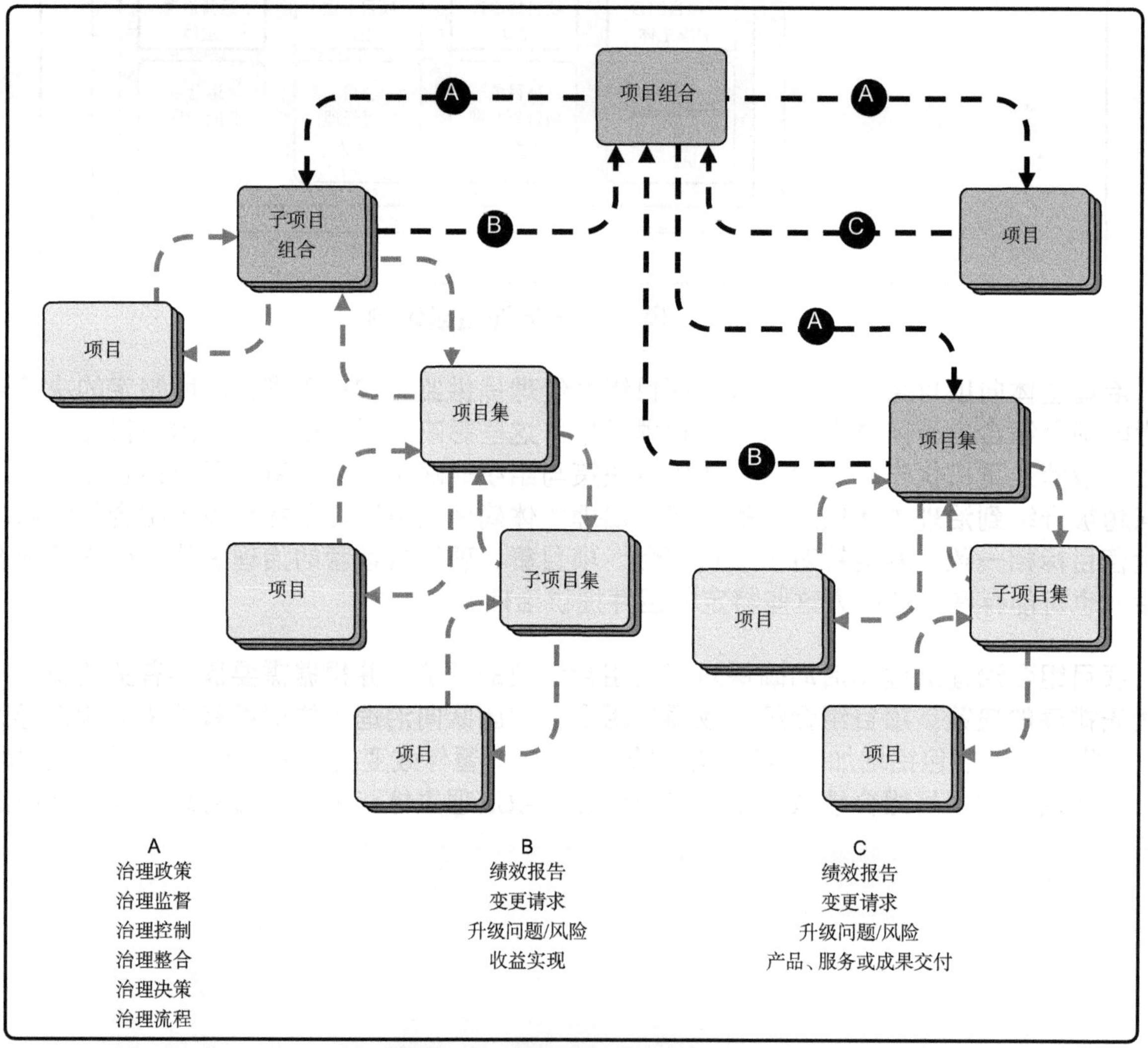

图 3-2　项目组合治理关系

　

子项目组合、项目集和项目向项目组合治理提供绩效报告、变更请求和升级的问题与风险。项目集提供有关收益实现的信息，项目提供有关产品、服务或成果交付的信息。

项目组合经理通过报告项目组合的当前绩效状况来支持治理监督，其中包括关键绩效指标度量和单个项目组合组件（项目集和项目）。项目组合经理提供对项目组合所需变更的商业影响分析，这些变更可能是由项目层面的某个特定变更（如范围变更）所触发的，或者源自对项目组合组件的调整建议，其目的是满足项目组合的目标绩效水平。项目组合治理提供监督，以确保项目组合组件的绩效正朝着实现组织的战略目标而进展。更具体地说，项目组合治理提供关于项目组合内的项目集和项目的关键决策。

3.3.3　项目组合治理的考虑因素

治理发生在组织的不同层级，以支持组织目的、目标和战略。组织战略和目标定义了通过运营（日常业务活动）或项目组合、项目集和项目实现目的的途径。项目组合治理是组织治理和项目集与项目治理以及运营之间的桥梁。因此，需要不同的治理层级相联系，以确保每个治理行动最终都与定义的组织战略相一致。

项目组合治理主体对照项目组合的目标绩效审查其实际绩效，以达成关键决策。这可以确保项目组合运行在正确的轨道上，通过管理项目组合风险和交付商业价值和收益来实现组织战略目标。当组织战略或特定项目组合组件发生变更时，项目组合治理需要评估对项目组合的影响，并决定需要对项目组合内容做出何种调整。项目组织治理活动监督可能影响项目组合财务价值的项目组合风险、用来实现组织战略和目标的项目组合组件内容，以及对组织能力和承载量的影响。

项目组织治理的另一个考虑因素是整体治理流程。整体治理流程是治理活动的关键部分，包括战略一致性、优先排序、组件授权、内部资源调配，其目的是实现组织战略和目标。

3.4　角色和职责

项目组合治理的关键角色包括治理主体，项目组合发起人，项目组合经理，项目组合、项目集和项目管理办公室（PMO），项目集发起人，项目集经理，项目发起人，项目经理和职能经理。还可能包括上述角色所未包含的与管理活动相关的职责。根据治理框架和组织结构，可能还有其他角色。以下是典型的与治理相关的角色和职责：

- **项目组合治理主体。**项目组合治理主体应该是一个由代表不同项目组合组件和运营工作的高管组成的协作小组，其目的是通过治理职能提供指南，以支持其授权下的项目组合。该治理主体的目的是针对项目组合的投资和优先排序制定决策。治理主体通过提供适当的监督、领导和决策，确保项目组合与组织战略保持一致。非常重要的是，需要确保项目组合治理主体拥有来自组织最高级别治理主体的有关制定项目组合战略决策的委托授权和能力。

- ○ 确定项目组合治理框架，包括监督、决策、控制和整合职能（见表 3-1 按照治理域和职能划分的项目组合治理流程）。
- ○ 确保项目组合战略计划与组织战略和运营目标保持一致。
- ○ 批准治理相关的政策和流程。
- ○ 根据组织战略优先级和运营要求，控制资源调配（人员、预算和设施）。
- ○ 定义关键绩效目标和临界值。
- ○ 建立组件选择、分类、优先排序和授权标准。
- ○ 在制定、加强、执行和沟通决策时提供领导力。
- ○ 影响和指导多个领域，如组织沟通、外部报告、拨款和投资策略及新产品和服务的战略方向。
- ○ 对项目组合、项目集和项目流程的统一和期望提供高层支持。
- ○ 确定风险和回报，包括财务投资、回报和项目组合价值。
- ○ 考虑和平衡为实现项目组合价值而引发的组织变革的程度。
- ○ 审查和修复升级的问题和风险。
- ○ 审查和解决有冲突的目的和目标。
- ○ 定义用于干系人沟通和组织沟通的关键信息。
- ○ 审查绩效和项目组合调整建议。

- 项目组合发起人。发起人的角色是推动项目组合组件、项目集、项目和运营。发起人可能是治理主体的成员。发起人会参与到项目组合层级，也可能参与到项目集和项目层级；可能会参与变更，也可能参与升级问题的处理。
  - ○ 确保项目组合目的和目标与战略愿景保持一致。
  - ○ 监督和控制项目组合价值和收益交付，促成项目组合的成功。
  - ○ 移除影响项目组合成功的阻拦和障碍。
- **项目组合经理**。项目组合经理的角色是担当与治理主体的接口，并管理项目组合，确保项目集、项目和运营组件交付投资收益，满足组织战略目标。

- ○ 评估治理框架，包括组织架构、政策和程序，根据需要建立项目组合治理框架。
- ○ 确保项目组合遵守治理政策与流程。
- ○ 管理项目组合与治理主体及发起人的互动。
- ○ 促进项目组合组件的选择、优先排序、平衡和终止，确保与战略目标及组织优先级的一致。
- ○ 审查项目组合，提议重新调配资源和重新确定优先级，以优化项目组合，确保持续适应不断变化的目标、机会和威胁。
- ○ 及时向关键干系人提供评估信息，包括项目组合组件选择、优先排序和绩效，并且及早识别（或干预）正在影响绩效的项目组合层面的问题和风险。
- ○ 度量和监督项目组合价值绩效指标和目标，如收益率、投资回报率（Return on Investment, ROI）、净现值（Net Present Value, NPV）、投资回收期（Payback Period, PP）、内部收益率（Internal Rate of Return, IRR）和记分卡。政府和非营利组织可能有其他的度量和目标，如生产率和客户满意度的提升。
- ○ 支持高层和治理主体的决策，确保与干系人及时且持续地沟通项目组合组件的进展、变更和影响。
- ○ 参加项目集和项目审查，以体现在关键决策中高层的支持、领导和参与。
- ○ 向治理主体评估、报告和升级关键风险和问题。
- ○ 支持项目集和项目经理对组件价值的评估，以交付组件收益。
- ○ 创建、监督和沟通项目组合整体路线图及关键内外部依赖关系。

- **项目集经理**。项目集经理的角色是担当与项目组合经理、治理主体和发起人的接口，管理项目集，确保交付期望的收益。包括：
  - ○ 确保项目集遵守治理政策和流程。
  - ○ 管理项目集与项目组合经理、治理主体和发起人的互动。
  - ○ 监督和管理项目集风险、绩效和沟通。
  - ○ 监督和报告项目集总体拨款和健康情况。
  - ○ 评估项目集的结果，向项目组合经理或治理主体请求授权，以变更项目集总体战略。
  - ○ 根据需要，向项目组合经理或治理主体评估、报告和升级关键风险和问题。

- 创建、监督和沟通项目集整体路线图及关键的内外部依赖关系。
- 管理、监督和跟踪项目集总体收益实现情况。

- **项目经理**。项目经理的角色是担当与项目组合经理、项目集经理和/或项目发起人的接口，管理项目产品、服务和结果的交付。确保项目符合治理政策和流程。
  - 监督和管理项目风险、绩效和沟通。
  - 管理项目与项目组合经理、项目集经理、治理主体和发起人的交互。
  - 根据需要，向项目组合经理、项目集经理或治理主体评估、报告和升级关键风险和问题。
  - 管理项目的内外部依赖关系。
  - 确保关键干系人的参与。
- **其他关键干系人**。其他关键干系人的角色是支持项目组合的组织和流程变更。
  - 支持项目组合治理和项目组合组件的执行，确保满足定义的目标。
  - 支持项目组合治理团队确定变更的影响。
  - 支持影响项目集和项目结果的任何变更。
  - 根据情况，在治理主体中代表职能领域。
  - 支持项目组合治理相关的组织变革。
- **项目组合管理办公室**。PMO 的角色可能根据组织的需要而不同。项目组合可能有自己的 PMO，也可能一个 PMO 支持多个项目组合。通常，PMO 通过以下方式支持项目组合：
  - 对项目组合组件的监督提供支持，对升级给项目组合经理的问题和风险提供支持。
  - 通过标准化治理流程，提供进展信息、分享知识和整合报告，对项目组合提供支持。

3.5　项目组合的治理域、职能和流程

表 3-1 是按照域和职能划分的被普遍认可的项目组合治理流程。这些相关的职能和流程被分为四个治理域，分别是治理一致性、治理风险、治理绩效和治理沟通。而流程、活动和任务又按照职能划分为监督、控制、整合和决策。这些流程并非只适用于治理域中某个特定的活动，而是适用于所有的活动。

术语“被普遍认可的流程”并不意味着所描述的流程应该统一应用于所有的项目组合。组织中的领导者负责确定对于某个给定的项目组合哪些是合适的。在治理实践缺失或不成熟的情况下，由项目组合经理和发起人定义某个给定项目组合的治理，详见 3.6 节。

表 3-1　项目组合治理相关流程（按域和职能划分）

职能 域	监督	控制	整合	决策
项目组合治理的一致性域	• 创建项目组合治理章程 • 创建项目组合治理管理计划 • 分析项目组合、项目集和项目绩效结果	• 使项目组合、项目集和项目与组织战略目标保持一致 • 评估对项目组合、项目集和项目管理方法论的遵从性 • 执行项目组合、项目集和项目审查 • 执行项目组合战略一致性的年度规划 • 识别管道（Pipeline）、资源、需求/供给量	• 理顺组件集合和路线图 • 创建带有战略执行跟踪的整体路线图 • 确保项目组合、项目集和项目流程的统一和整合 • 监督项目组合、项目集和项目正在发生的变更 • 保持与各治理主体（IT、财务等）的框架一致性	• 确定项目组合组件的优先级标准和拨款 • 制定继续与否决策
项目组合治理的风险域	• 向治理主体升级风险 • 建立风险升级流程 • 识别内外部的组件依赖关系	• 执行项目组合审计 • 管理内外部的资源总量	• 整体依赖关系管理 • 对提议的变更执行影响分析 • 根据组件变化调整项目组合	• 解决和修复风险/问题
项目组合治理的绩效域	• 创建绩效管理计划 • 建立报告和控制流程	• 监督绩效，关注投资/价值和收益 • 监督项目组合的健康状况	• 执行整体绩效报告 • 执行收益实现报告	根据绩效和战略变化确定项目组合的变更
项目组合治理的沟通域	• 创建沟通管理计划 • 沟通项目组合、项目集和项目治理期望和需求 • 沟通治理流程变更	• 沟通角色、职责和授权	• 沟通整体路线图 • 接收项目组合、项目集和项目报告	报告所制定的决策，并附理由

下面按照治理域来介绍流程：

- **项目组合治理的一致性域**。为了确保可以得到正确的项目组合结果，治理主体应该执行项目组合的定期审查，以及对升级的决策请求的额外审查。应该执行季度审查或年审，以授权所需的任何调整或平衡，以确保与组织战略的一致性和目标的实现。
  - 项目组合治理章程授权治理主体的形成，授权项目组合经理或项目组合管理办公室使用资源来实施治理相关活动。项目组合治理管理计划描述如何执行治理一致性、职能和流程，包括治理角色和职责。应该参照此计划，以确保项目组合符合已经建立的协议和期望。应该建立治理主体（或委员会、组委会），以确保与组织战略的持续一致，并交付项目组合绩效，满足组织战略目标。
  - 项目组合经理应该在项目组合组件之间整合项目组合战略，确保项目组合与组织战略保持一致。项目组合应该有一张带有战略执行跟踪的整体路线图，说明与组织战略的一致性、主要事件和依赖关系，并明确何时交付何种收益。治理主体应该批准整体路线图。
  - 治理主体（委员会或组委会）应该建立一个决策框架，来审查和指导项目组合投资。根据战略目标、风险分类、项目组合目标、项目类型和拨款等制定决策来决定资源（人员和资产）的分配。基于决策框架和组件优先级标准，治理主体应该确定应该增加、修改或终止哪个项目集、项目或运营组件。该框架使得项目组合经理可以根据治理主体设置的优先级来评估供给与需求。
- **项目组合治理的风险域**。应该根据风险和复杂度，对项目组合组件开展审查和审计。应该定义和沟通风险与绩效问题的升级流程。应该识别和紧密监督关键依赖关系，包括资源、技术复杂性、市场机会、法律/规章风险和投资临界值，因为可能会对项目组合绩效产生影响。
  - 项目组合风险管理计划可能是项目组合管理计划的组成部分，也可能是一份独立的计划。计划应该包括风险承受能力，并反映组织的风险政策。计划应该包括对风险和问题升级流程的详细定义。应该识别和紧密监督内外部组件的依赖关系，因为可能会对项目组合的目标绩效产生潜在影响。
  - 依赖关系管理应该包括识别项目组合组件之间的关系，以及与其他项目组合中识别的外部因素之间的关系。应该持续开展对依赖关系的分析和跟踪。

- 项目组合层级的风险以及升级的组件风险应该由项目组合经理进行评估，提交治理主体关注并决策，因为其影响可能很广泛，可能涉及项目组合中的其他组件甚至整个组织。风险和问题应该包括在项目组合审查中，如果需要治理主体做出决策，则应该遵循升级流程。

- **项目组合治理绩效域。**应该监督和管理项目组合绩效，以及结果对实现组织目标的影响。项目组合组件的关卡审查应该提供对绩效贡献或对项目组合绩效影响的洞察，并协助识别项目组合需采取的合适行动，以实现其绩效目标。

  - 项目组合绩效管理信息应该是项目组合管理计划的组成部分，也可能是独立的一份计划。该计划应该包括项目组合的期望绩效，确保项目组合可交付计划收益，从而实现组织战略目标。应该建立报告和控制流程，并在计划中进行描述。

  - 为了交付项目组合收益，需要对项目组合组件进行调整。应该对项目组合组件的绩效和预期收益进行汇总，汇报给治理主体、发起人和关键干系人。

  - 应该持续监督和报告项目组合交付组织战略目标的能力。如果对项目组合组件的提议变更可能会影响组织战略目标的实现，则应由治理主体进行评估和决策。

- **项目组合治理沟通域。**应该记录并沟通治理主体、项目组合经理、项目集经理、项目经理、项目组合管理办公室和发起人的角色、职责和授权。

  - 项目组合沟通管理计划可能是项目组合管理计划的一部分，也可能是独立的一份。该计划应该描述如何及何时向治理主体、发起人和关键干系人报告组件层级的风险、绩效和收益。沟通管理计划还描述如何及何时对不同的治理决策进行沟通，如项目组合组件中的拨款、资源和变更。

  - 项目组合路线图是关键的沟通载体，用来说明如何安排项目组合组件，顺序和时间是否正确，将要交付什么收益，以及如何与所有干系人沟通这些要素。

  - 治理主体所做决策应该透明，记录决策理由，并向项目组合的干系人报告。角色、职责和决策授权应该得到沟通。

3.6　项目组合治理框架实施

治理框架的实施应该基于组织的成熟度和环境。没有一个最佳的治理框架可以在所有情形下都有效。应该对项目组合治理实施进行裁剪，以适应组织文化和需要，并与现有的成功模型进行融合。本节描述了结构化的四步实施路线，如图 3-3 所示。框架实施是在给定的项目组合管理过程周期内对治理流程进行实施和持续改进的方法。四个步骤分别是评估、规划、实施和改进，每个步骤都有各自的活动和交付成果。所有的活动和交付成果不一定适合所有的项目组合，根据组织规模和控制宽度，可能还有其他的活动和交付成果。

项目组合治理的实施会引起广泛的变革，实施过程中应该考虑项目组合的宽度和深度。因此，持续联合干系人参与非常重要，这可以帮助他们理解变革对他们意味着什么，以确保移交顺利，并克服挑战。如果第一次实施治理，则这一点更为关键。另一个关键要素是建立持续沟通，从而获取干系人对变革的持续支持与认可。PMI 的《组织变革管理实践指南》提供了详细的变革管理模型和通用指导。

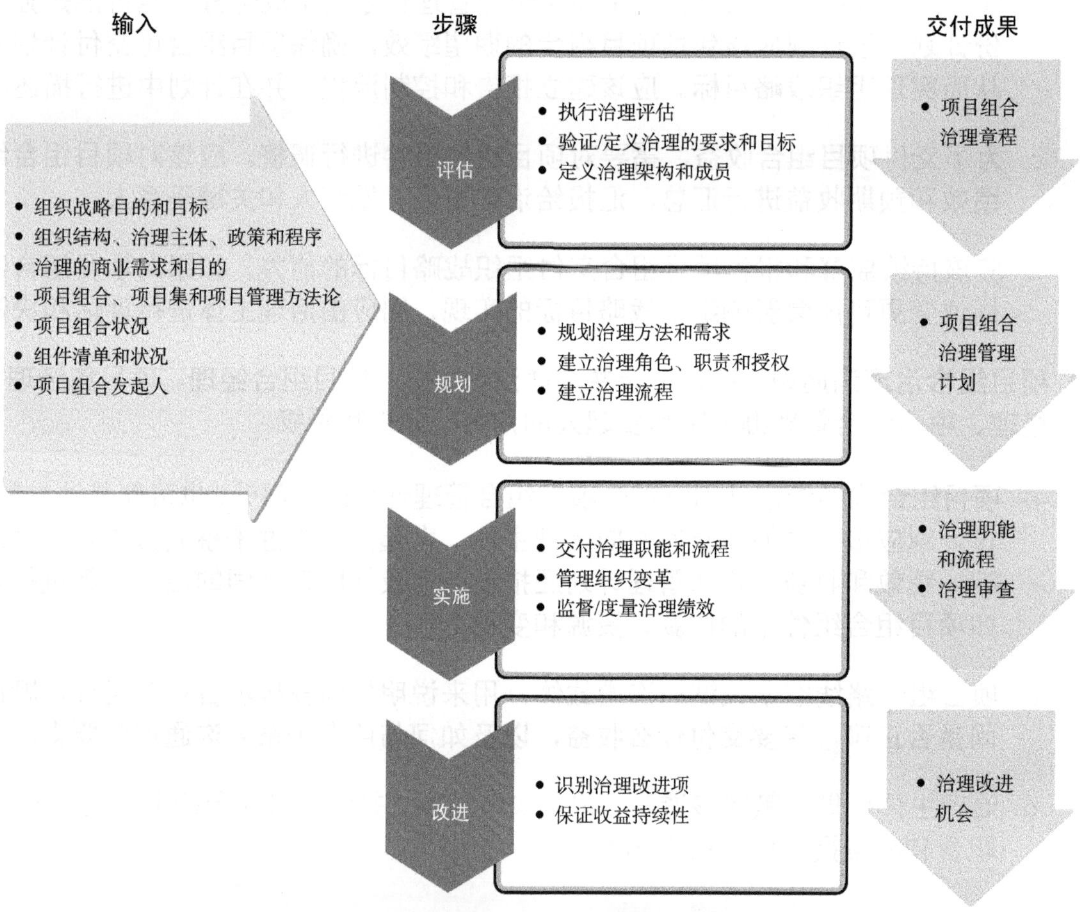

图 3-3　项目组合治理框架实施

图 3-4 展示了项目组合治理框架与项目组合管理过程周期的相互作用。治理相互作用说明了治理框架实施对项目组合管理过程周期的作用。与项目集和项目生命周期不同，项目组合生命周期不是基于阶段，也没有定义的开始点和结束点。应该在项目组合定义和规划过程中定义和规划治理，在其他的项目组合过程中进行实施，在优化过程中开展改进。框架的互动和步骤是反复的，项目组合管理过程周期的特征使然。

图 3-4 项目组合管理过程周期与治理的相互作用

治理框架实施步骤的完成可能是平行或交叠的，也可能是直线推进的。步骤的渐进式迭代有利于持续改进。项目组合治理框架的实施有两个关键的关注领域：

- 需要创建或改进的框架、职能和流程。
- 对治理的部署和改进提供支持的人力资源和文化。

对某个给定项目组合中当前的组织和项目组合治理进行评估非常重要。因此，第一步需评估当前治理是否适合所要适用的项目组合，确定商业需求、收益和论证理由，并定义项目组合治理授权架构和成员。在治理实践缺乏或不成熟的情况下，项目组合经理和发起人应在项目组合定义过程创建项目组合战略计划、章程和路线图时尽早定义和建立项目组合治理，而最晚则需在制订项目组合管理计划时完成。

附录 A1 的治理框架实施详细描述了评估、规划、实施和改进项目组合治理的输入、活动和关键交付成果。

4

第 4 章　项目集层级的治理

4.1　概述

本章阐述了项目集和项目集管理、项目集治理、角色和职责、治理域、职能和流程等概念，并提出了一种在项目集生命周期内实施治理框架的方法。本章还阐述了项目集治理的关系及关键的考虑因素。建议读者先阅读第 1 章（引论），然后再根据兴趣选择其他章节。

为了满足组织战略和运营目标，建立了项目集治理来指导和监督项目集管理活动。项目集治理的职能和流程不同于职能管理和项目集组件（子项目集、单独的项目，以及非项目型工作活动）的管理工作。项目集治理的重点是决策和指导项目集管理活动，旨在交付商业价值来满足组织战略与运营目标。

4.2　项目集和项目集管理

《项目集管理标准》（第 3 版）把项目集定义为“一组相互关联且被协调管理的项目、子项目集和项目集活动，以便获得分别管理所无法获得的利益”。项目集包含不同的组件，主要的组件包括子项目集和项目集中的单个项目。项目集内的非项目型组件或项目集活动如培训、运营和维护等又需要被管理。

《项目集管理标准》（第 3 版）把项目集管理定义为“在项目集中应用知识、技能、工具与技术来满足项目集的要求，获得分别管理各项目所无法实现的收益和控制”。项目集管理的职能是管理、协调和指导一整套相关的项目及活动的实施，旨在交付与组织战略和运营目标相关的成果和收益。项目集管理对组织内跨多个业务线、单一业务线或职能领域的项目集相关的活动或任务进行指导和管理。项目集经理通过管理项目集组件之间的依赖关系及活动的整合来提高战略一致性和优化收益交付成果。项目集经理通过在组件间应用适当的规划、控制、交付、转换和收益维持来实现项目集期望的战略收益。

4.3　项目集治理

为了满足组织战略和运营目标，建立了项目集治理来指导和监督项目集管理活动。项目集治理和项目组合或项目治理的关键不同在于项目集治理的重点是指导项目集收益的交付。

4.3.1　什么是项目集治理

本实践指南中的项目集治理是指导项目集管理活动的一套框架、职能和流程，旨在交付收益来满足组织战略与运营目标。术语"治理框架"是指服务于项目组合、项目集和项目的包含职能、流程和活动的四种治理域。治理职能是跨治理域的一组相互关联的流程，治理职能的执行旨在支持项目组合、项目集和项目治理。治理职能包括监督、控制、整合和决策。建立决策的流程、建立风险升级的流程等都是治理流程的例子。最高层的治理主体可以指导或请求建立治理流程。关于域、职能和流程的概述，参见 4.5 节。

通过项目集治理来评估项目集绩效和进度信息，可确保项目集实现其期望的收益和成果。项目集治理通过判断所实现的收益是否仍处于预定的范围之内，在必要时决定是否需要建议和执行组件变更。项目集治理整合各种状态报告和绩效信息，并提交给项目组合管理、治理主体、项目集管理办公室、项目集发起人及其他的项目集关键干系人。治理的指导、决策和流程可能是跨组织的和跨职能管理领域的。基于组织的结构模型、角色、职责和授权，项目集治理的指导和监督可由项目组合管理、治理主体或项目集管理办公室来提供。

项目集治理应尽可能简化授权架构，因为治理的决策和监督活动都需要时间和成本。应根据项目集和组织环境的背景来考虑所需要的治理。图 4-1 所示的项目集治理组织结构中，项目集治理主体由组织级领导、项目集发起人、其他关键关系人、项目集管理团队及项目集管理办公室组成。治理主体对整个项目集和项目集经理提供监督和决策支持。治理主体确保项目集的目标和计划收益与组织战略和运营目标相一致。其他治理主体（如收益实现）对项目集提供监督和监控，来规划、测量和实现项目集的收益。此外，也可能有单独的治理主体为特定的子项目集、项目和运营提供指导。项目集组件团队包括项目集和项目经理、职能经理和干系人。项目集通常对子项目集、项目和运行进行授权和治理。

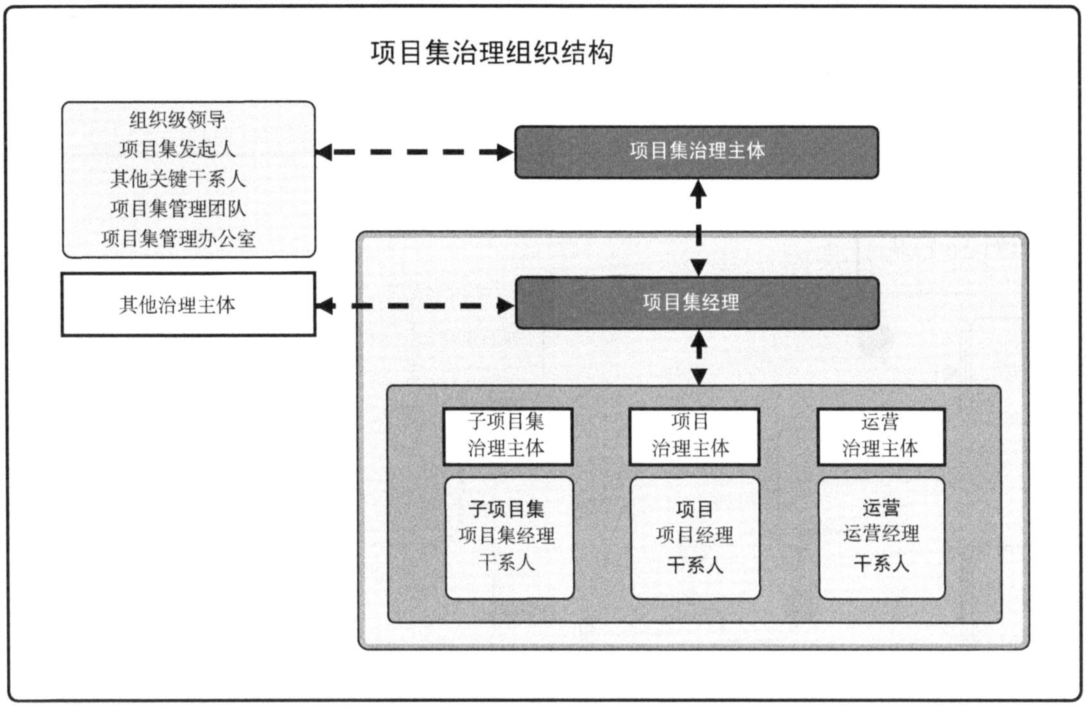

图 4-1　项目集治理组织结构

4.3.2　项目集和治理的关系

项目集和治理相互依赖，而各自的目的又有不同。项目集组件和项目集活动被协调管理以便获得分别管理所无法获得的利益。项目组合治理确保正确的项目集被选出来，并对其监督，从而实现项目集管理的高效性。理想的情况下，项目组合管理或治理主体对项目集和项目提供治理指导。如果项目组合治理缺失，或者为了与项目组合治理相呼应，应该由项目集治理向项目集和项目集经理提供指导和监督。

单个项目集组件（子项目集、项目和运营）通过项目集治理流程对状态、风险、变更和其他影响项目集的信息进行报告和交互。这些报告和交互的类型与频率由项目组合管理、治理主体或项目集管理来具体定义，并受项目集审查和更新周期的影响。图 4-2 展示了一个项目组合结构内项目集的治理关系，以及项目组合结构外独立项目集的治理关系。在一个项目组合结构内，项目组合治理支持职能与流程通过项目组合治理与项目集和子项目集联系在一起。对于项目组合结构之外的独立项目集，治理主体为其提供治理的职能和流程。治理活动的类型和频率由项目组合治理或治理主体决定。项目组合和子项目组合为在项目组合结构下的项目集提供治理政策、监督、控制、整合和决策职能及流程。对于项目组合之外的独立项目集，治理主体应为其提供治理政策、监督、控制、整合和决策职能及流程。关于域、职能和流程的概述，参见 4.5 节。项目集关注特定期望收益的实现，而项目则注重创造特定的交付成果。项目集向项目组合和子项目组合治理以及治理主体提供各种项目集报告、变更请求、升级的问题和风险以及收益实现情况。

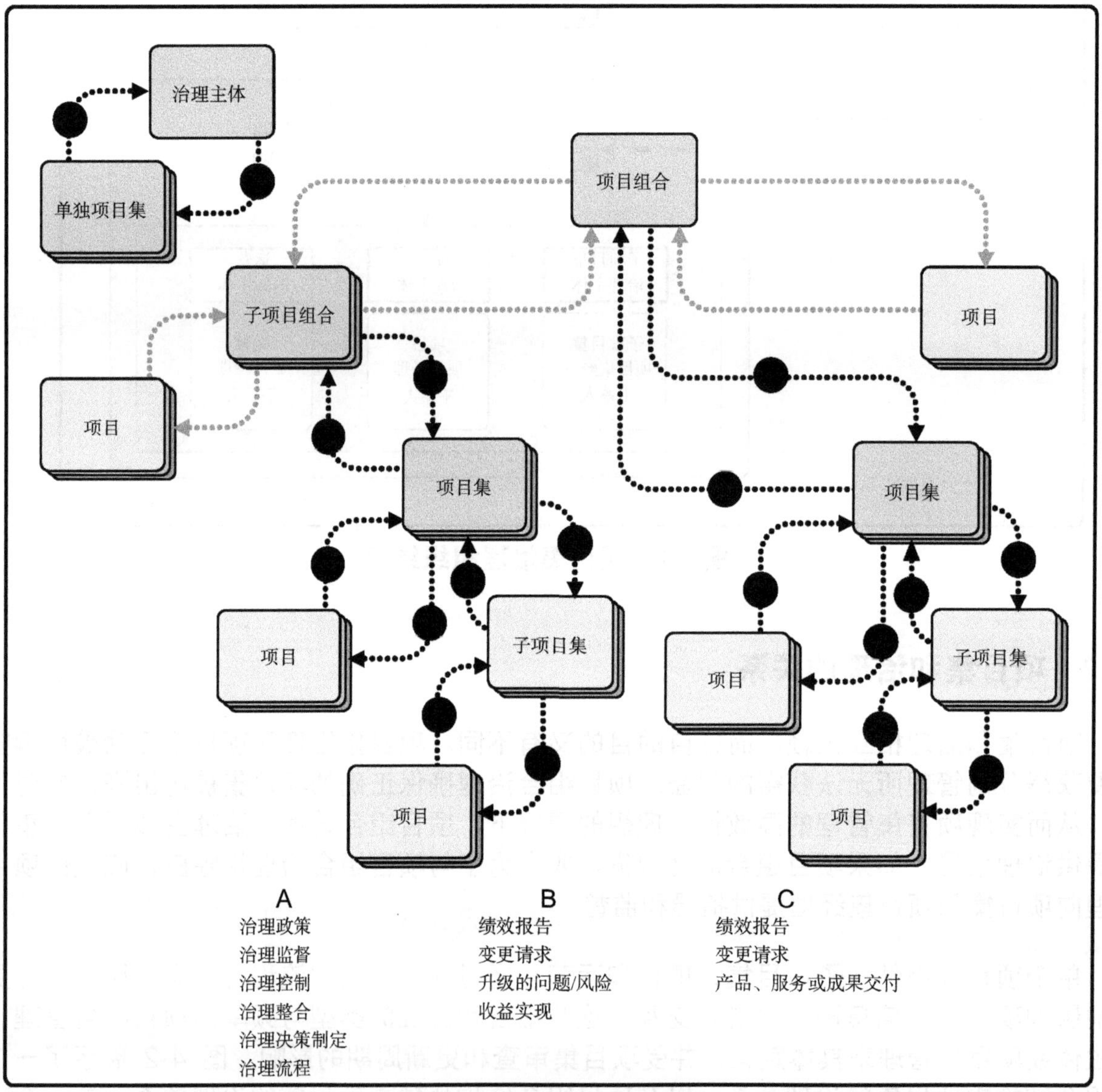

图 4-2　项目集治理关系

4.3.3　项目集治理的考虑因素

战略一致性、整合管理和收益实现是项目集治理的三个关键考虑因素。项目集经理或团队审查实际收益与计划收益的对比来确保与组织战略与运营目标的一致性。当组织战略发生变更时，项目集经理或发起人需要评估对项目集的影响，并决定需要对项目集目标、计划和组件进行什么样的调整。当项目集目标、战略或计划发起变更请求时，项目集治理需要提供决策机制来响应提出的战略变更。当项目集目标、战略或计划正在发生变化时，持续的战略调整可能对计划的和交付的收益产生影响。

项目集治理的另一个关键考虑因素是对整合管理的监督。整合活动应该包括项目集目标与组织战略的一致性、项目集内组件的战略一致性、对整体路线图的沟通、整体依赖关系管理和整体绩效报告。项目集治理应当审查子项目集和项目的整体成果，来评估与目标战略与期望的收益交付的持续一致性。整合活动还包括对单个流程（子项目集、项目和运营）的协调和统一，以确保与整体项目集治理流程的一致性，确保升级的问题或风险得到监督、没有重复地付出，以及决策更加及时。这里的流程应包括启动纠正或预防措施所需的触发条件和临界值。

通过收益实现来交付商业价值是项目集治理的一个关键领域，包括收益交付、移交和维持。项目集治理是组织支持期望收益交付的重要手段。收益绩效信息通过项目集治理得到评估。因此，项目集治理应当为指导收益实现提供监督、控制、整合和决策职能。

有些项目集的结果可能无法预测，项目集可能需要变更，与可能由于目标收益实现没有确定的时间表而导致项目集没有明确定义的结束点。因此，面对这种不确定性和对持续决策的需求，治理职能显得更为重要。项目集治理实践的范围和严格度取决于项目集的性质、规模和复杂性，最重要的是，项目集的风险水平和对组织的价值。

4.4　角色和职责

项目集治理管理计划应当识别和描述各个角色和职责，包括决策的最终责任制和授权。后面列举了项目集治理的关键角色。但是，根据项目集的类型和复杂程度以及治理的角色，可能还有额外的角色。还可能包括上述角色未包含的管理活动相关的职责。以下是典型的治理相关的角色和职责：

- **项目集治理主体。**项目集治理主体应该是一个由代表项目集相关的不同利益方的参与者组成的协作小组，其目的是通过治理职能提供指南，以支持其授权下的项目集。治理主体的成员通常来自支持项目集内的子项目集、项目和运营的组织小组中的高管人士。典型的职责包括：

- 为项目集提供治理支持，包括监督、控制、整合和决策职能（见 4.5 节）。
- 提供有能力的治理资源，来监督和监控与实现收益交付有关的项目集的不确定性和复杂性。
- 确保项目集目标与计划收益可以和组织战略及运营目标保持一致。
- 建立治理相关的政策和流程。
- 召开规划会议来完成项目集的确认、优先排序和资金划拨。
- 签署或批复项目集建议和变更。
- 定义和监督项目集关卡流程。
- 解决和修复升级的项目集问题和风险。
- 提供监督和监控，使项目集收益可以被规划、测量，并得以实现。
- 在制定、强化、执行和沟通决策时提供领导力。
- 定义用于干系人沟通的关键信息。
- 审查期望的收益和收益交付。
- 批准项目集的关闭或终止。

- **项目集发起人**。发起人的角色是推动项目集并为收益交付负最终责任。发起人可以是治理主体的成员。主要活动包括：
  - 确保项目集的目的和目标与战略愿景相一致。
  - 监督和控制收益交付，促成项目集成功。
  - 移除影响项目集成功的阻拦和障碍。
- **项目集经理**。项目集经理的角色是担当与治理主体和发起人的接口，管理项目集，确保目标收益的交付。主要责任包括：
  - 评估治理框架，包括组织结构、政策、程序，并根据需要建立项目集治理框架。
  - 确保项目集对治理政策和流程的遵从性。
  - 管理项目集与治理主体和发起人的互动。
  - 监控和管理项目集风险、绩效和沟通。
  - 监控和报告项目集总体资金划拨和健康状况。
  - 评估项目集的结果，从治理主体请求授权，以变更项目集总体战略。

    - 评估、报告和升级重大风险和问题到治理主体。
    - 创建、监控和沟通项目集整体路线图及关键的内外部依赖关系。
    - 管理、监控和跟踪项目集总体收益实现情况。
- **项目经理。**项目经理的角色是担当与项目集经理和项目发起人的接口，管理项目产品、服务和结果的交付。主要责任包括：
    - 管理项目与项目组合经理、项目集经理、治理主体和发起人的交互。
    - 确保项目对治理政策和流程的遵从性。
    - 监控和管理项目风险、绩效和沟通。
    - 根据需要，向项目集经理或治理主体评估、报告和升级关键风险和问题。
    - 管理项目的内外部依赖关系。
    - 确保关键干系人的参与。
- **其他关键干系人。**其他的关键干系人角色是支持项目集和组织变更。职责如下：
    - 支持项目集治理团队及项目集组件的执行，以确保既定目标得以满足。
    - 支持项目集治理相关的组织变革。
    - 支持项目集治理团队来确定变更的影响。
    - 支持影响项目集和组件成果的任何变更。
    - 根据情况，在治理主体中代表职能领域。
- **项目集管理办公室。**项目集管理办公室的角色不完全一致。项目集可以有自己的 PMO，一个 PMO 也可以支持多个项目集。通常 PMO 会以下述方式支持项目集：
    - 通过标准化治理流程，提供进展信息、分享知识和整合报告，对项目集提供支持。
    - 促进资源、方法论、工具和技术的共享。

4.5 项目集治理的域、职能和流程

表 4-1 是按照域和职能划分的被普遍认可的项目集治理流程。这些相关的职能和流程被分为四个治理域，分别是治理一致性、治理风险、治理绩效和治理沟通。而流程、活动和任务又按照职能划分为监督、控制、整合和决策。这些流程并非只适用于治理域中某个特定的活动，而是适用于所有的活动。

表 4-1　项目集治理相关流程（按域和职能划分）

职能 / 域	监　督	控　制	整　合	决　策
项目集治理的一致性域	• 建立治理主体 • 创建项目集治理章程 • 创建项目集治理管理计划	• 管理质量审查和阶段关卡 • 规划优先级和资金划拨	• 整合项目集战略 • 创建带有战略执行跟踪的整体路线图	• 建立决策流程 • 确定项目集优先级和资金划拨 • 制定组件通过与否决策 • 重新分配资源
项目集治理的风险域	• 创建风险管理计划 • 建立风险升级流程	• 执行项目审计 • 管理项目集内外部依赖关系	• 整体依赖关系管理	• 解决和修复风险或问题
项目集治理的绩效域	• 创建绩效管理计划 • 建立报告和控制流程	• 监督收益实现 • 监督项目集和组件健康状况	• 执行整体绩效报告	• 评估收益实现的变更 • 基于绩效和战略变更来评估变更
项目集治理的沟通域	• 创建沟通管理计划	• 沟通角色、职责和授权	• 沟通整体路线图 • 分发项目集整体报告 • 向干系人分发项目集信息和影响	• 报告所制定的决策，并附理由

普遍认可的过程并不意味着这些过程应该一成不变地应用于所有项目集。组织的领导层负责决定适用于特定项目集的流程。如果缺乏已有的治理实践或治理实践不够成熟，项目集经理和发起人应当为特定的项目集定义治理，详见 4.6 节。

下面按照治理域来介绍流程：

- **项目集治理的一致性域。**项目集治理章程提出了对治理组织架构的建议，并描述了高层级的项目集治理方法，以满足组织战略和运营目标。治理章程可以是单独的，也可以是项目集章程的一部分。项目集治理管理计划可以是项目集管理计划的组成部分，也可以是单独的计划。该计划描述了执行治理的框架、职能和流程，以及治理的角色和职责。应该参照此计划，以确保项目集符合已经建立的协议和期望。
    - 应当建立治理主体（或委员会、组委会），以确保与组织战略和项目集收益交付的持续一致。应当执行季度或年度规划来优化项目集组件以便与组织战略协调一致，同时建立相关的资金划拨方式。治理主体应当管理项目集的阶段关卡和其他的治理审查，如项目集质量审查。治理主体应当基于战略目标、风险分类、项目类型和资金划拨来建立决策框架（规则和程序），并决定资源（人员和资产）优先级。治理主体应当基于决策框架和优先级标准，来决定需要增加、变更或终止哪些项目集组件，以及项目集本身是否应当被变更或终止。治理主体应当做出通过与否的决策，并以此为基础重新分配资源。

  - 项目集经理应当在组件间整合项目集战略，并确保项目集与组织战略的一致性。项目集应该有一张带有战略执行跟踪的整体路线图，说明与组织战略的一致性、主要事件和依赖关系，并明确何时交付何种收益。治理主体应该批准整体路线图。

- **项目集治理的风险域**。项目集治理风险管理计划可以是项目集管理计划的组成部分，也可以是单独的计划。应该在此计划中，建立风险和问题的升级流程并进行沟通。项目集审查应涵盖风险和问题，并应遵循风险或问题升级流程。应当基于风险和复杂性对项目集和组件进行监控和审计。应当紧密监控内外部依赖，因其对收益交付有潜在影响。项目集经理应当评估项目集级别的风险和已升级的组件风险，并将其升级给发起人和治理主体来做决策，因为可能存在组织范围的广泛影响。依赖关系管理应包括项目集组件之间的依赖关系和与外部因素的依赖关系。应当持续地对依赖关系进行分析和跟踪。

- **项目集治理的绩效域**。项目集治理绩效管理计划可以是项目集管理计划或收益管理计划的组成部分。该计划应包含期望的绩效和收益，以确保项目集可以交付预期收益。应当在项目集治理绩效管理计划中建立和描述报告和控制流程。

  - 应当监控和管理完整的收益生命周期（识别、规划、交付、移交和维持），同时也要监管项目集的整体健康状况，以及关键的、高优先级的组件。应该对绩效数据进行评价，以确保成果在参数范围之内。治理主体应当通过绩效审查来监控收益的交付。项目集交付收益的能力应当被持续监控和报告。提议的项目集变更可能会对收益实现造成影响，应该由治理主体进行评价并做出决定。
  - 需要对项目集组件进行整合以交付收益。应该对项目集组件的绩效和预期收益进行汇总，汇报给治理主体、发起人和关键干系人。

- **项目集治理的沟通域**。项目集治理沟通管理计划可以是项目集管理计划的组成部分，也可以是单独的计划。该计划应该描述如何及何时向治理主体、发起人和关键干系人报告相关信息，如项目集层面的风险、绩效和收益。有效的治理对决策权力的确定与分配非常明确，因此治理主体、项日集经理和发起人的角色、职责和授权应当记录下来，并与干系人沟通。该计划应该描述如何及何时对各种治理决策进行沟通，如项目集的资金划拨、资源和变更。治理做出的决策应该透明，附有决策理由，并向干系人报告。

  - 项目集整体路线图是关键的沟通载体，用来说明如何安排组件，顺序和时间是否正确，将要交付什么收益，以及如何与所有干系人沟通这些要素。可能影响其他项目组合、项目集和项目的项目集信息，如状态、政策、程序和流程，也应当向干系人沟通。

4.6　项目集治理框架实施

项目集治理的实施应基于组织和项目集的背景，不存在适用于各种情景的最好的项目集治理实施途径。治理的实施应根据组织的文化、项目的类型和组织的需要来裁剪。本节描述了一种结构化的四步实施路线，如图 4-3 所示。治理框架的实施途径是一种在给定的项目集生命周期内，对治理流程进行实施和持续改进的方法。四个步骤包括评估、规划、实施和改进，每一步骤都有活动和可交付成果。所有的活动和交付成果不一定适合所有的项目集，根据项目集的范围和组织的背景情况，可能还有其他的活动和交付成果。

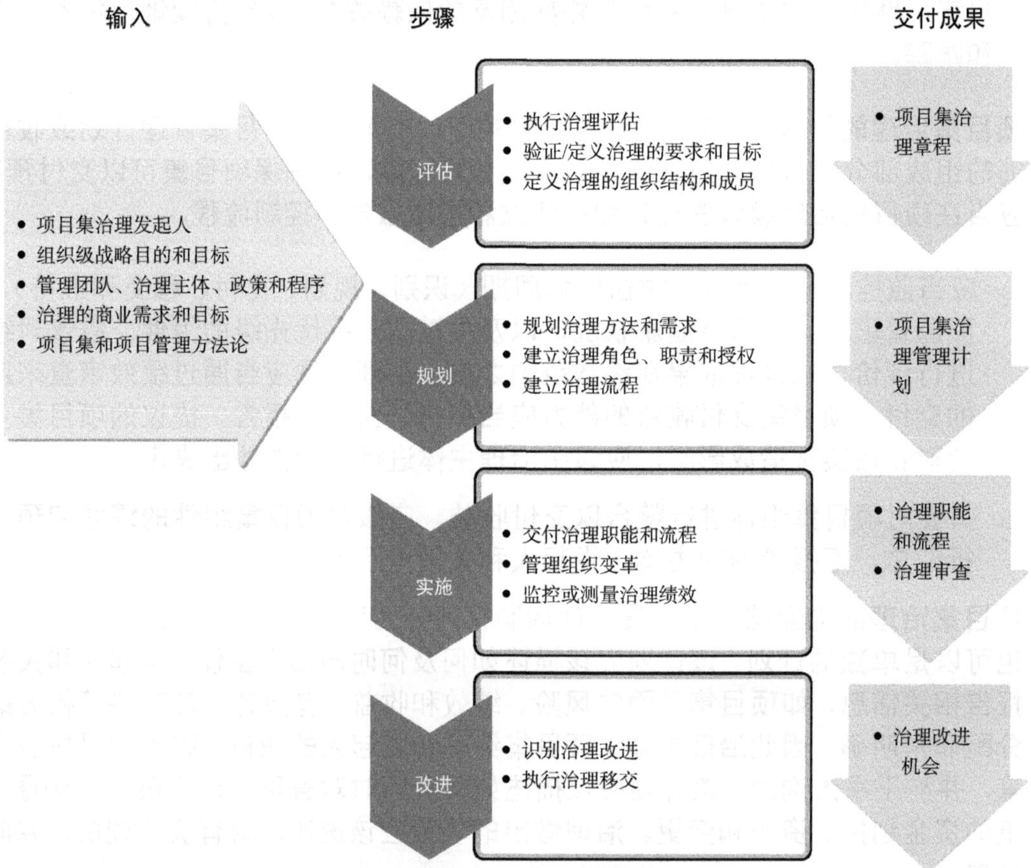

图 4-3　项目集治理框架实施

图 4-4 展示了一个项目集治理框架与项目集生命周期各阶段交互的例子。这些交互描述了治理框架实施在项目集生命周期内产生的影响。《项目集管理标准》（第 3 版）中描述的通用项目集生命周期包括三个阶段：项目集定义、项目集收益交付和项目集结束。在项目集生命周期内，治理框架的实施步骤和项目集生命周期的不同阶段相对应。治理的定义、规划和建立发生在项目集生命周期的定义阶段，治理的实施发生在项目集收益交付阶段，且治理的改进发生在项目集结束阶段。由于项目集组件的授权、移交和结束的交迭性，治理框架的交互在项目集收益交付阶段也是交迭的。

图 4-4　项目集生命周期和治理的相互作用

启动评估步骤需要各种输入信息，如图 4-3 所示。实施或改进职能与流程的结构化方法应该为业务单元或组织层面增加商业价值。

在对治理职能和流程的评估、规划、实施和改进过程中，持续联合干系人参与非常重要，这可以帮助他们理解项目集治理，以确保移交顺利，并克服挑战。如果第一次实施项目集治理，则这一点更为关键。另一个关键要素是建立持续沟通，从而获取干系人对治理实施的持续支持与认可。项目集治理框架实施有两个关键的关注区域：

- 需要识别、创建和提高的框架、职能和流程。
- 对治理的部署和改进提供支持的人力资源和文化。

附录 A1 描述了项目集治理框架实施步骤的输入、活动和关键交付成果。

5

第 5 章　项目层级的治理

5.1　概述

本章描述项目和项目管理、项目治理、角色和职责、治理域、职能和流程，以及在项目生命周期内实施治理框架的建议方法。本章也包括项目治理关系和关键考虑因素。建议读者先阅读第 1 章（引论），然后再根据兴趣选择其他章节。

为了满足组织战略和运营目标，建立了项目治理来指导和监督项目管理活动。项目治理的重点是指导和决策项目管理活动，旨在创建服务、产品或成果。

5.2　项目和项目管理

《项目管理知识体系指南（PMBOK® 指南）》（以下简称《PMBOK®指南》）（第 5 版）把项目定义为“为创造独特的产品、服务或成果而做出的临时性努力”。项目包含了一系列的活动，旨在在特定时间期限内满足客户要求，并需要不同干系人的参与，以期在特定范围、时间、成本和绩效要求下创建独特的产品、服务和成果。

项目管理的定义如《PMBOK® 指南》（第 5 版）所述，即“将知识、技能、工具与技术应用于项目活动，以满足项目的要求”。项目管理包含启动、规划、执行、监控和收尾过程组。每个过程组有特定的过程输出。根据范围、时间和预算的需求，对项目管理活动进行管理，以期交付产品、服务或成果。

5.3　项目治理

项目治理与项目组合或项目集治理之间的关键区别在于，项目治理关注的是为了交付产品、服务和成果而对项目管理活动的指导与监督。除了本实践指南外，《PMBOK® 指南》（第 5 版）提供了项目管理方面的更多信息。

5.3.1 什么是项目治理

本实践指南将项目治理定义为指导项目管理活动的框架、职能和流程，以创建独特的产品、服务或成果，满足组织战略和运营目标。治理框架是指服务于项目组合、项目集和项目的包含职能、流程和活动的四种治理域。治理职能是跨治理域的一组相互关联的流程，治理职能的执行旨在支持项目组合、项目集和项目治理。治理职能包括监督、控制、整合和决策。关于域、职能和流程的概述，参见 5.5 节。

项目三角制约（时间、成本和范围）的竞争目标使项目执行具有挑战性。由于这些挑战，项目治理需要对项目执行的管理进行指导和监督，保障恰当的干系人参与。

商业环境每天都在变化，因此，在这个动态的环境中，项目治理应该对输入、项目和产品需求的验证、执行的有效性以及结果的质量提供指导。这种指导通过适当参与项目、定期与项目经理互动而得以实现。项目治理主体通过联合恰当的人员参与而在组织内部推动项目。项目治理应尽可能简化授权架构，因为治理的决策和监督活动都需要时间和成本。

项目治理需求应该考虑项目背景和组织环境。项目治理可能发生在三种不同的情景下：独立的项目、项目集内的项目或项目组合内的项目。图 5-1 显示了项目治理的组织架构的例子，包含了三种情景下的项目治理。当项目属于项目组合或项目集时，项目治理与项目组合和项目集的治理有交互。但是，当项目是一个独立的项目时（不在项目组合或项目集内），它可能有一个独立的治理主体。组织领导、项目发起人、项目组合/项目集经理、PMO 或其他关键干系人可能是项目治理主体的成员。治理主体与项目和项目经理有交互，也与干系人有交互。

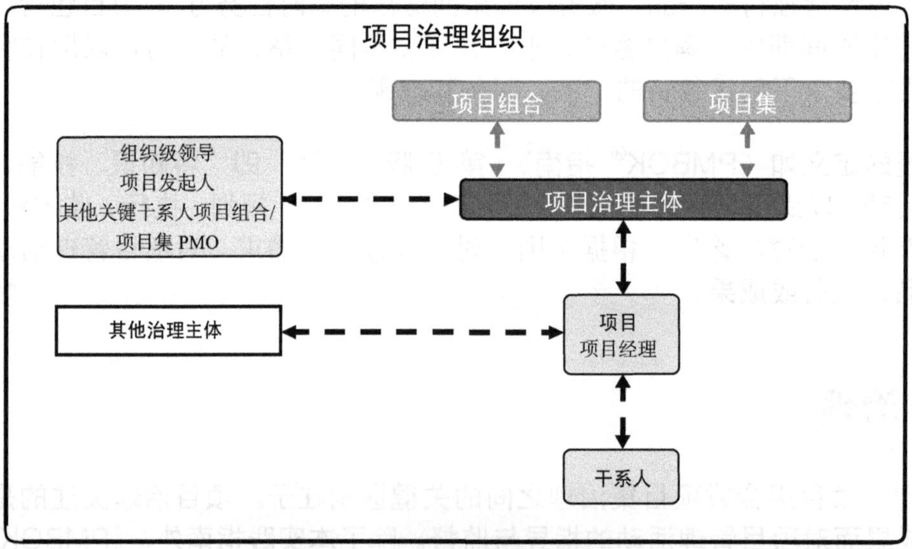

图 5-1 项目治理组织示例

需要有一些治理职能或活动，来监督和报告项目产品、服务或预定结果的交付。项目治理主体需要确定产品、服务或成果的交付是否正在按照既定条件进行。根据已经协商好的互动要求，项目经理对状况报告和绩效信息的流动进行协调，使其流向项目组合管理、项目集管理、治理主体、PMO、项目发起人，以及具体情景中所定义的其他项目关键干系人。

5.3.2 项目和治理的关系

每个项目根据其不确定性、复杂性和风险程度都有其独一无二的特性，这影响一个项目该如何被管理与治理。项目治理针对组织内各种类型的项目，向项目经理、发起人和关键干系人提供指导。

项目治理框架向项目经理和团队提供结构、流程、决策模型和管理项目的工具，同时支持和控制项目的成功交付。项目治理通过流程、决策模型、工具、程序和文档化的政策与项目产生交互。

项目治理应该建立对决策的透明度和信心，并澄清影响项目成功的角色和职责。项目治理的指导和信息从项目组合管理、项目集管理和/或治理主体流向项目。项目通过项目治理流程对状态、风险、变更和其他影响项目的信息进行报告和交互。图 5-2 说明了项目组合、项目集、子项目组合和子项目集如何与项目治理进行互动。项目治理关系可能包含三个不同的项目情景：独立的项目、项目集内的项目以及项目组合内的项目。在每种情景中，治理政策、监督、控制、整合、决策和流程从治理主体向下流向项目。在每种情景中，绩效报告、变更请求、升级到高层的问题和风险、产品、服务或成果交付成果向上流向治理主体。

通常，整个组织与项目之间，要么直接交互，要么间接交互。治理对项目如何被管理产生影响。基于组织结构、角色、职责和授权，项目治理的指导和监督可能来自治理主体，项目组合和项目集管理，或项目组合、项目集或项目管理办公室。

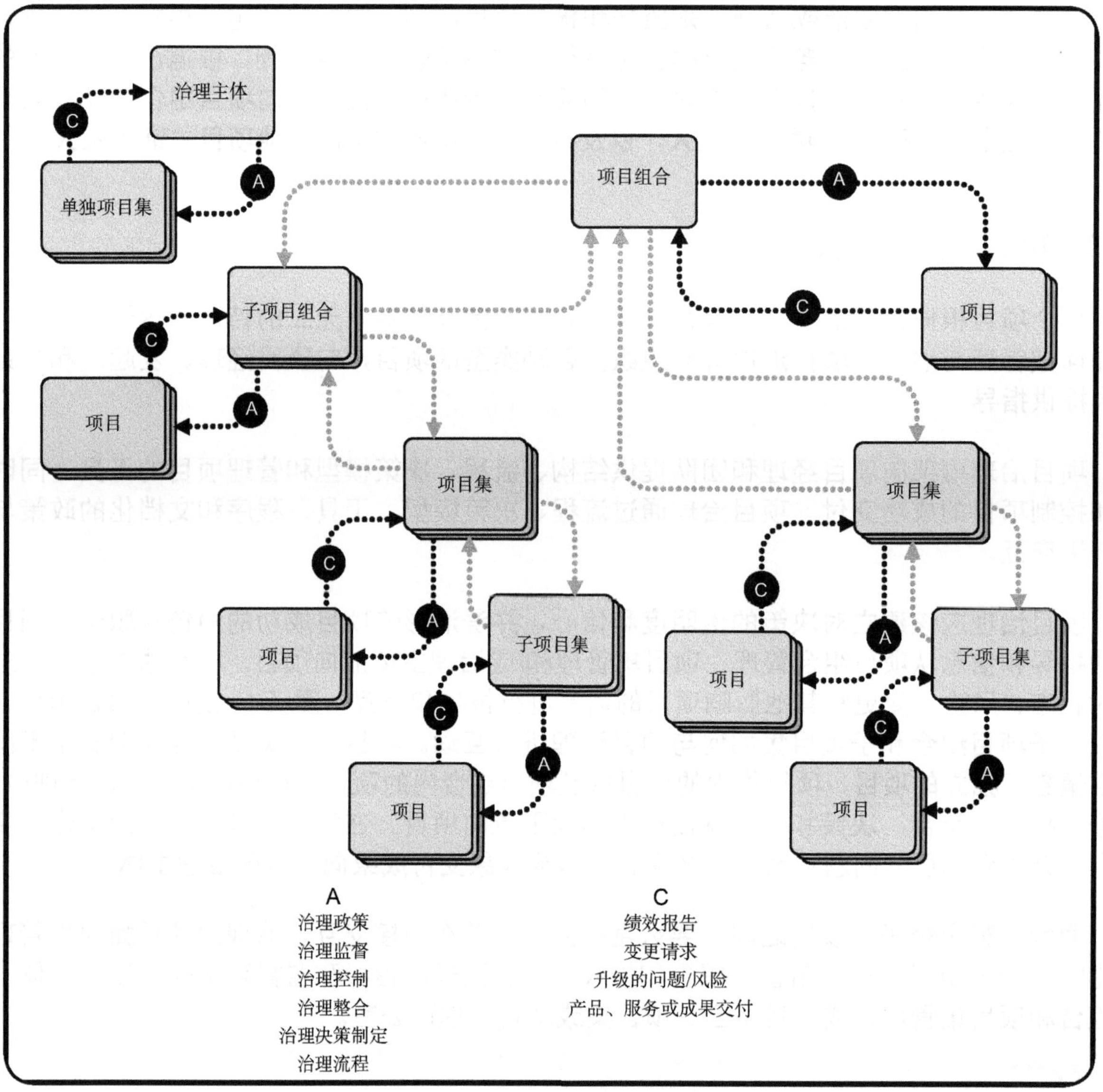

图 5-2 项目治理关系

5.3.3 项目治理的考虑因素

项目治理确保项目管理采用正规的方法，从而提升项目成功的可能性。项目治理的主要考虑因素包括项目治理主体和发起人，具体如下：

- **治理主体和发起人的参与。**治理主体应该积极参与，为项目提供监督和决策。治理主体应该确保阶段关卡审查流程得到遵守，战略一致性得到维护，显著的或升级的风险和问题得到审查和缓解。发起人应该通过参与各种关键活动和流程推动项目，保障项目成功。发起人应该识别和监控项目关键成功因素，有前瞻性地移除或缓解项目成功的壁垒。根据情况不同，发起人可能是治理主体的成员，也可能是唯一提供指导和监督的个人。

- **（组织的）职能专业知识和支持的提供**。治理主体或发起人应确保拥有合适的管理和资源来提供组织或职能所需的专业技能，以支持项目执行。这些专业技能和支持可能不由治理主体自身直接提供，而由治理主体或发起人委派的代表来提供。

- **组织变革管理的实施**。治理主体和发起人应该根据《组织变革管理实践指南》中定义的方式对组织变革管理提供支持。组织对变革的支持对项目成功至关重要，任何组织变革都应该被评估并谨慎执行。应该由治理主体和发起人来处理组织变革及其对战略执行的影响。为有效管理项目变更，治理主体和发起人需要确保个人、小组和组织在从当前状态向未来状态过渡的过程中，有一套结构化的变革管理方法可以遵循，从而实现预期的商业收益。发起人处理与变革相关的商业问题，也确保变革的收益可以实现。发起人与项目经理一起工作，识别变更管理和过渡所需的活动和资源。发起人在整个组织内支持与建立对项目的承诺。发起人应该确保所有冲突都以合适的方式得到解决。

- **治理主体和发起人的授权与能力**。治理主体和发起人应该具有指导项目管理所需的授权和能力，并且积极参与项目。除非治理主体和发起人具有必要的能力，否则积极参与的有效作用可能非常有限。如果治理主体和发起人没有所需的授权，那么决策架构也不会成功。发起人和治理主体的能力可能包括预测变更、建立信心、发动行动、解放思想和评估结果。

5.4　角色和职责

项目治理的关键角色包括项目治理主体、项目发起人、项目经理、其他关键干系人和项目管理办公室。根据项目和治理角色的类型以及复杂程度可能还有其他角色。项目治理管理计划应该识别和描述不同的角色和职责，包括制定决策的最终责任制和授权。治理相关的角色和职责包含：

- **项目治理主体**。项目治理主体提供监督，设定方向，并确保项目与组织战略和目标的一致性。项目治理主体的成员通常来自支持项目的组织小组中的高管人士。这个主体主要通过监督、控制、整合和决策的职能来提供指导。项目治理主体的主要角色和职责可能包括：

  - 为项目提供治理支持，包括监督、控制、整合和决策职能（参见 5.5 节）。
  - 创建治理政策和流程。
  - 确保项目目标可以和组织战略及运营目标保持一致。
  - 签署或批复项目建议与变更。
  - 定义和监督项目关卡流程。
  - 解决和修复升级的项目问题和风险。
  - 定义用于干系人沟通的关键信息。
  - 提供有能力的治理资源来监督和监控与项目实现预期产品、服务或成果相关的不确定性和复杂性。
  - 提供监督和指导，使项目团队可以规划、度量和实现产品、服务或成果。
  - 在加强、执行和沟通决策时提供领导力。
  - 对项目关闭或终止进行批准。

- **项目发起人。**项目发起人提供项目交付预期成果所需的资源。发起人可能是治理主体的成员。发起人对项目治理积极的、可见的支持对保证项目成功至关重要。项目发起人的主要角色和职责：
  - 确保项目目的和目标与战略愿景保持一致。
  - 监督和控制产品、服务或成果的交付，促成项目成功。
  - 移除影响项目成功的阻拦和障碍。

- **项目经理。**项目经理支持治理职能与流程，协调沟通，并提供反馈，以改进项目治理。项目经理的角色是担当与治理主体的接口，管理项目，确保预期结果的交付。项目经理确保项目符合治理政策，遵守治理流程。项目经理的主要角色和职责：
  - 评估治理框架，包括组织架构、政策和程序，并根据需要建立项目治理框架。
  - 确保项目遵守治理政策和流程。
  - 管理项目与治理主体和发起人之间的互动。
  - 监督和管理项目风险、绩效和沟通。
  - 根据需要，向发起人或治理主体评估、报告和升级关键风险和问题。
  - 管理项目的内外部依赖关系。
  - 确保关键干系人的参与。

- **其他关键干系人。**其他关键干系人是项目治理积极的倡导者和支持者，应该代表各自领域的项目。其他干系人包括受到项目治理流程和职能直接或间接影响的人员，如项目团队成员、职能经理等。他们对治理过程的输入也很重要。其他关键干系人的主要角色和职责：
  - 支持项目治理团队和项目执行，确保满足既定的目标。
  - 支持项目治理相关的组织变革。
  - 支持项目治理团队，确定变更造成的影响。
  - 支持影响项目结果的任何变革。
  - 根据情况，在治理主体中代表职能领域。
- **项目管理办公室。**PMO 的角色可能根据项目类型的不同而不同。通常，PMO 负责确保项目治理标准和流程的有效实施，并为治理流程的改进提供反馈。PMO 的主要角色和职责：
  - 通过标准化治理流程，提供进展信息、分享知识和整合报告，对项目提供支持。
  - 促进资源、方法论、工具和技术的共享。

5.5　项目的治理域、职能和流程

本节提供项目治理的域、职能和流程，以对实践者和组织在项目治理实施中提供指导。项目有不同的不确定性、复杂程度和风险水平，因此不可能有一套治理框架适合所有的项目。一本详细而完整的实践和技术手册也许能指导一个实践者，但是，相同的完整的实践和技术手册可能对另一个实践者完全不起作用，因为组织环境是独特的。本节采用通用的域、职能和流程的分类，可以根据具体的项目进行裁剪，如表 5-1 所示。这些相关的职能和流程被分为四个治理域，分别是治理一致性、治理风险、治理绩效和治理沟通。而治理流程、活动和任务又按照职能划分为监督、控制、整合和决策。这些流程并非只适用于治理域中某个特定的活动，而是适用于所有的活动。

表 5-1　项目治理相关流程（按域和职能划分）

域 \ 职能	监督	控制	整合	决策
项目治理的一致性域	• 创建项目治理章程 • 创建项目治理管理计划 • 建立治理主体	• 监督对治理管理计划的遵守 • 开展项目审查和阶段关卡 • 评估对项目管理方法论的遵守	• 把项目治理与项目集和项目组合治理整合在一起 • 确保项目流程的统一	• 建立决策流程 • 批准阶段关卡审查 • 批准项目进度、范围和预算
项目治理的风险域	• 创建风险管理计划 • 创建风险升级流程	• 开展项目审计 • 确保遵守风险管理 • 管理项目内外部依赖关系	• 整体依赖关系管理 • 对提议的变更执行影响分析	• 解决和修复升级的风险和问题 • 识别、审查和缓解风险
项目治理的绩效域	• 创建绩效管理计划 • 建立报告和控制流程 • 分析项目绩效结果	• 监督项目结果 • 监督项目健康状况	• 执行绩效报告	• 评估提议的变革 • 评估变更请求
项目治理的沟通域	• 创建沟通管理计划 • 沟通治理预期和需求 • 沟通治理流程变更 • 推动组织变革和确保实施的可接受性	• 沟通角色、职责和授权	• 沟通路线图 • 分发项目报告 • 向干系人分发项目信息和影响	• 报告所制定的决策，并附理由

下面按照治理域来介绍流程：

- **项目治理的一致性域**。项目治理一致性域包含：
    - 项目治理章程授权治理主体的形成，授权治理主体应用资源实施治理相关活动。项目治理管理计划描述了如何实施治理框架、职能和流程，包括治理角色、职责和决策架构。应该参照此计划，以确保项目符合已经建立的协议和期望。
    - 应该建立项目治理主体，以确保与组织战略和项目交付成果的持续一致。项目经理也为项目遵守治理框架负责。如果项目管理办公室存在，则它应该对项目治理与项目组合/项目集治理的整合负责。另一个重要事项是，需要对是否遵守项目治理管理计划进行监控。治理主体应该建立决策框架，确定谁在哪种情形下，做出哪种决策。基于决策框架，治理主体应该确定项目是否应该变更或者中止。

　　○ 为了监督和保证一致性，治理主体为项目进度、范围和预算提供指导和决策，同时，监督项目审查、阶段关卡审查，以及对政策、标准和项目管理方法论的遵从程度。

- **项目治理的风险域。**项目治理风险管理计划可以作为项目管理计划中的一部分，也可以是单独的一份计划。应该在此计划中建立风险和问题的升级流程。应该识别内外部的依赖关系以及风险。依赖关系管理应该包括对项目间或与项目集和/或项目组合及其他外部元素的依赖关系的识别。由于依赖关系是风险来源，所以应持续对其进行分析和跟踪。应该基于风险和复杂度对项目进行监督和审计，也应该监督内外部依赖关系。为了解决和修复风险和问题，项目经理应该将决策升级给治理主体，因为其影响可能很广泛，可能涉及整个组织。风险和问题应该包括在项目汇报和审查中，并遵守风险和问题的升级流程。

- **项目治理的绩效域。**项目治理绩效管理计划可以作为项目管理计划中的一部分，也可以是单独的一份计划。这份计划应该包含期望的绩效，以确保项目交付预期结果。作为该计划的一部分，应该建立汇报结构和控制流程。向治理主体、发起人、项目管理办公室和关键干系人提供绩效报告非常重要。这是一个关键的治理域，项目经理可以据此为绩效衡量收集必要的数据。治理主体应该通过绩效审查，按绩效管理计划中的描述监控项目绩效。绩效数据应该被评估，以确保结果在计划参数范围内。项目交付成果的能力应该被持续地监督和汇报。项目已提议的变更可能会影响项目结果，应该由治理主体评估和确定。

- **项目治理的沟通域。**项目治理沟通管理计划可以作为项目管理计划中的一部分，也可以是单独的一份计划。该计划应该描述如何及何时向治理主体、发起人和关键干系人报告项目层级的风险、绩效和项目成果。沟通管理计划还应该描述如何及何时对不同的治理决策进行沟通，以及如何从关键干系人那里取得反馈。治理主体应该向项目经理、发起人、项目管理办公室和关键干系人提供必要的沟通。治理主体应该基于沟通管理计划监督沟通，并采取措施改进沟通。治理所做决策应该透明，记录决策理由，并向干系人报告。角色、职责和决策授权应该得到沟通。

5.6　项目治理框架实施

项目治理框架实施应该基于组织和项目的背景环境。没有一个治理框架可以适用于所有的组织。治理框架的实施应该基于组织文化、项目类型和组织需要进行裁剪。本节描述了结构化的四步实施路线，如图 5-3 所示。这套实施方法是在给定的项目生命周期内对治理流程进行实施和持续改进的方法。四个步骤分别是评估、规划、实施和改进，每个步骤都有各自的活动和交付成果。所有的活动和交付成果不一定适合所有的项目，根据项目范围和组织环境，可能还有其他的活动和交付成果。

实施或改进治理的步骤也适合在组织中实施任何流程。实施或改进职能与流程的结构化方法应该为业务单元或组织层面增加商业价值。这些步骤的完成可能是平行或交叠的，也可能是直线推进的。但是，治理应该在项目生命周期早期当启动、组织和筹备项目时，就被定义、规划和创建。

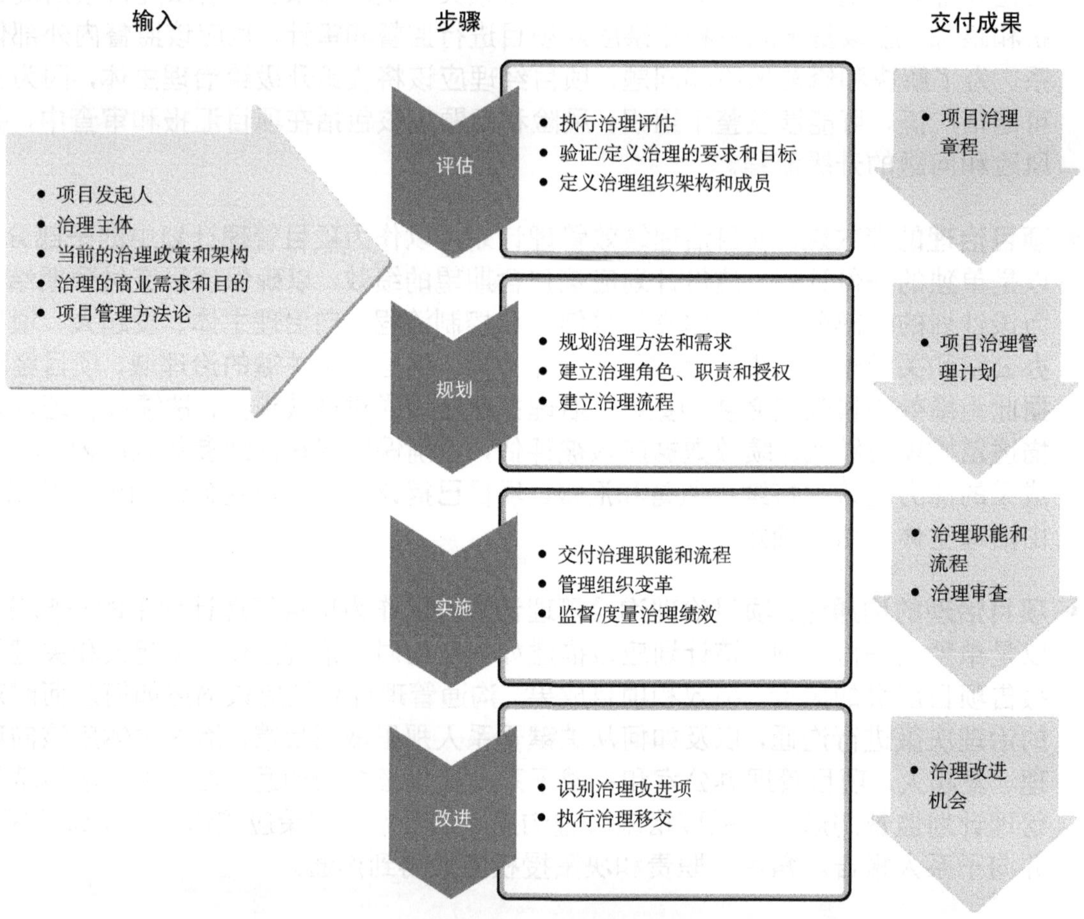

图 5-3 项目治理框架实施

在对治理职能和流程的评估、规划、实施和改进过程中，持续联合干系人参与非常重要，这可以帮助他们理解变革对他们意味着什么，以确保移交顺利，并克服挑战。如果第一次实施治理，则这一点更为关键。另一个关键要素是建立持续沟通，从而获取干系人对变革的持续支持与认可。

图 5-4 展示了项目治理框架与项目生命周期阶段的相互作用。这些相互作用说明了治理框架实施对项目生命周期的作用。按照《PMBOK® 指南》（第 5 版）的描述，通用的项目生命周期包括四个阶段，分别是启动项目、组织与准备项目、执行项目工作和结束项目。治理框架的实施促进了这些互动，使得项目在其生命周期内可以通过治理得到指导。

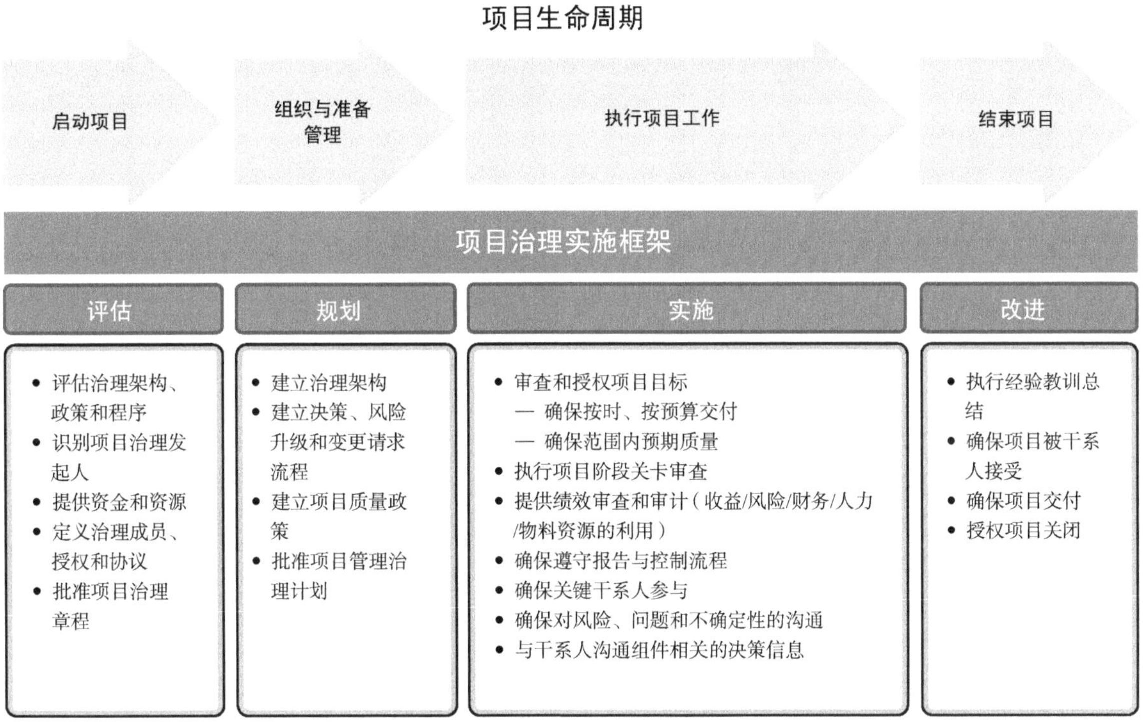

图 5-4　项目生命周期和治理的相互作用

附录 A1 的治理框架实施详细描述了评估、规划、实施和改进项目治理的输入、活动和关键交付成果。

参考文献

[1] Project Management Institute. 2014. *Navigating Complexity: A Practice Guide*. Newtown Square, PA: author.

[2] Project Management Institute. 2014. *Implementing Organizational Project Management: A Practice Guide*. Newtown Square, PA: author.

[3] Project Management Institute. 2013. *Organizational Project Management Maturity Model (OPM3®)* – Third Edition. Newtown Square, PA: author.

[4] Project Management Institute. 2013. *The Standard for Portfolio Management – Third Edition.* Newtown Square, PA: author.

[5] Project Management Institute. 2013. *Managing Change in Organizations: A Practice Guide.* Newtown Square, PA: author.

[6] Project Management Institute. 2013. *The Standard for Program Management* – Third Edition. Newtown Square, PA: author.

[7] Project Management Institute. 2013. *A Guide to the Project Management Body of Knowledge (PMBOK® Guide)* – Fifth Edition. Newtown Square, PA: author.

附录 A1　项目组合、项目集和项目治理框架实施

本附录的目的是为项目组合、项目集和项目治理框架的实施细节提供指南，从而评估、规划、实施和改进治理。

A1.1　项目组合治理框架实施步骤

A1.1.1 节到 A1.1.4 节提供了项目组合治理框架的实施步骤。

A1.1.1　评估

在第一个步骤，理解项目组合治理和流程的当前状况非常重要。还需要特别注意项目组合是持续进行的，比项目集和项目的范围广。因此，可能需要对其进行定期评估。在组织的不同领域内展开评估，包括评估治理的商业需求，有助于定义目标状况和差距，确定项目组合治理的范围、组织架构、层级结构和角色，从而制定一份项目组合治理章程。

项目组合发起人和项目组合经理应该启动对项目组合治理的评估，当前可能没有现成的治理框架、职能和流程，也可能是需要对当前治理流程进行重新设计或改进，以进一步提高有效性。启动评估步骤的关键输入包括（见图 A1-1）：

- 组织战略目的和目标。
- 组织结构、治理主体、政策和程序。
- 治理的商业需求和目的。
- 项目组合、项目集和项目管理方法论。
- 项目组合状况。
- 组件清单和状况。
- 项目组合发起人。

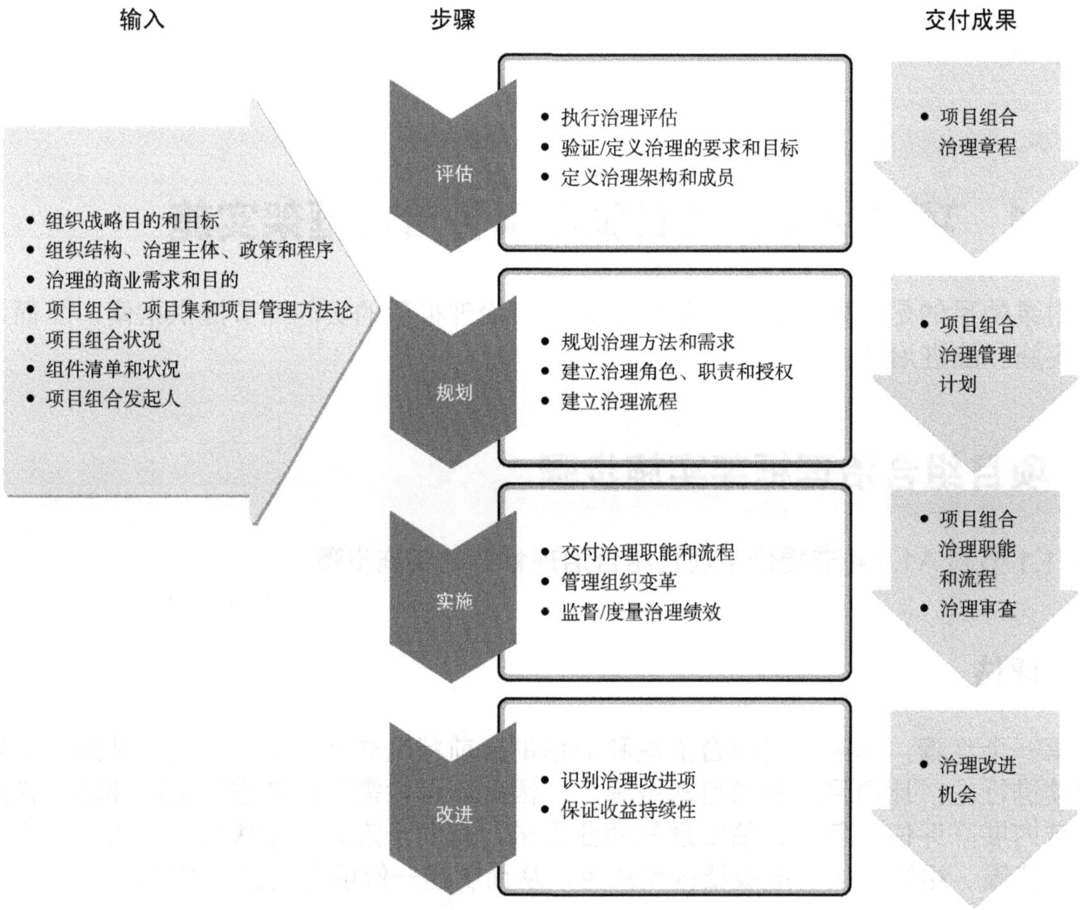

图 A1-1 项目组合治理框架实施

评估的程度取决于需要实施或改进的职能和流程、资源或文化，以及支持治理所需的行为改变。组织通常采用调查、访谈、会议和焦点小组的方式收集所需信息，来分析当前治理环境和执行其他不同的分析。分析是确定当前状况和期望未来状况差距的必要手段。通过评估可以确定治理活动中的谁、什么和如何，以及需要执行什么来弥补差距，从而成功实施治理。应该通过分析发现：谁在制定投资决策，授权和决策的范围或边界是什么，以及如何制定和沟通这些决策。评估活动应该包括以下领域：

- **执行干系人评估**。确定当前的最终责任制和决策授权。识别并联合关键干系人参与，以定义项目组合治理的治理需求、收益和论证理由。联合干系人，还有助于理解文化、政治和担忧，并确定这些因素对战略一致性和投资优化的影响。需要识别的影响因素包括其他项目组合或组织的复杂程度、政治、文化和外部干系人。

- **执行治理评估**。确定影响治理规划和实施成功的因素。理解组织战略并评估战略一致性流程。确定当前流程是否可以确保项目组合与组织战略的一致性以及投资优化。确定在项目组合的组件中如何进行一致性管理以支持组织战略目标。评估的结果应该支持项目组合治理框架、职能和流程的实施或改进。应该对以下领域进行评估：
    - 理解组织治理政策和架构。评估当前组织架构和政策是否可以有利于正确的项目组合治理机制，通过选择合适的项目，来确保组织目标的实现和商业价值的交付。
    - 理解组织使命、目的和目标。理解组织战略目的和目标以及如何保证项目组合的战略一致性。评估项目组合一致性流程，确定当前流程是否可以确保正确的项目选择，从而使其与战略目标和项目集相一致，最终交付商业收益。
    - 确定决策和授权。理解如何制定投资决策，以及谁在制定这些决策。评估当前决策的领域和范围、特定授权、角色和职责以及相关沟通。识别决策制定中存在的任何问题，以及这些问题的潜在原因。
    - 确定项目组合的监督能力和控制。理解和评估当前保证项目组合治理监督的流程和控制，如投资审查、项目组合组件阶段关卡审查和资源调配。
    - **评估项目组合、项目集和项目管理的资源和胜任力**。对需要支持项目组合治理的发起人和其他关键干系人的技能、能力和胜任力进行评估。
    - **确定沟通和透明度**。评估和确定在项目组合治理中，特别是针对投资决策，正在沟通什么，在与谁沟通，以及沟通的有效性。
    - **评估实现治理所需的文化**。根据变更实施的历史、经验教训，以及以前和当前的问题来确定变革的准备程度。
    - **确定战略关键绩效指标**。评估正在使用哪些 KPI 来支持当前项目组织治理监督，如项目组合阶段关卡审查。
    - **评估项目组合、项目集和项目治理的整合**。评估如何调配资源，如何在项目组合管理领域中进行流程统一。
    - **执行差距分析**。执行当前状况和未来状况的差距分析，提供对存在差距的评估领域的洞察。这有助于开展针对差距的风险分析，并对将要执行的工作进行优先排序，从而促成未来状况的实现。
    - **执行 SWOT/风险分析**。分析关于战略一致性和收益实现的强势、弱势、机会和威胁。确定所识别风险对实现项目组合目标和商业收益的影响。确定如何铺开治理相关职能和流程方可提升治理一致性和收益实现的机会。

- **验证/定义治理需求和目的。**根据治理评估和分析，验证/定义项目组合治理的需求和目的。对于一个组织和一个单独的项目组合来说，治理需求和目的是独特的。发起人和关键干系人可以提供对治理需求、目的、组织架构、成员和授权的指导。举例来说，治理的需求和目的可能包括决策透明度、最终责任制、风险管理等。项目组合治理计划应该描述治理的目的，以及在不同情景下决策和优先排序的标准和授权，如项目组合变更、阶段关卡审查、组件启动和移交、已升级问题和风险的解决等。

- **定义治理的组织架构和成员。**根据干系人分析、其他各种评估、SWOT/风险分析和批准的项目组合目标，定义项目组合所需的治理组织架构和成员。组织架构应该基于组织需求和项目组合需求。项目组合治理和子项目组合及组件治理中的组织架构和成员可能并不相同。需要详细记录组织架构、成员和角色，以及在项目组合组件的选择和优先排序过程中组织架构和成员的变化。

评估步骤的关键输出包括：治理的需求和目标得以澄清，组织对变革的准备度得到评估，项目组合治理的组织架构和成员得到定义。项目组合治理章程是评估步骤的关键交付成果。

- 项目组合治理章程可能是项目组合章程的一部分，也可能是一份单独的文件。项目组合治理章程授权和定义了治理的组织架构、成员和角色。章程描述了为了满足组织战略和运营目标的治理方法。治理章程针对项目组合治理方法，建立了清晰而易于理解的领导者协议，以确保对项目组合的监督、贡献、支持，以及与战略的一致性。它还描述了与当前组织治理架构、政策和程序的整合程度。

- 项目组合治理章程描述了当前组织治理和项目组合治理的关系，描述了治理将如何交付组织价值。即使当前已有一份现成的项目组合治理章程，也应该对其进行更新，以反映对治理的提升。

- 项目组合治理章程是规划步骤的关键输入，以创建项目组合治理管理计划。

A1.1.2 规划

规划步骤的目的是建立治理组织架构、角色、职责和授权，治理相关的流程，以及所需的相互作用。该步骤的输出是详细描述项目组合治理方法的项目组合治理管理计划。项目组合治理章程应该被用作规划活动的输入，以创建项目组合治理管理计划。基于对组织准备度的评估结果，项目组合治理管理计划应该通过识别可影响组织变革的关键干系人来应对文化问题。

规划活动有助于创建项目组合治理管理计划，其中应该定义为为了使项目组合治理框架、流程和组织架构落实到位所需采取的方法。项目组合治理管理计划描述对治理进行管理的路径和意图，包括风险、绩效和沟通管理的子计划。项目组合治理管理计划可能是项目组合管理计划的一部分，也可能是单独的一份文件。项目组合治理管理计划应该包含针对全方位实现项目组合治理职能和流程所需做出的变革的管理。现有治理组织架构所需做出的变更可能包括职能变更，资源重新调配，对角色、职责和授权的新建或修改。项目组合治理管理计划活动包括：

- **规划治理方式和需求**。确定对项目组合和单个项目组合组件进行指导和监督的方法，促进项目组合预期价值和收益的交付。

- **建立治理角色、职责和授权**。识别治理主体在决策领域中的角色、职责和授权级别。另外，识别其他的治理角色和职责，包括项目组合经理，项目组合、项目集和项目管理办公室，项目集经理，项目经理，发起人。

- **建立治理流程**。确定治理方式、资源需求和时间表，对需要创建或升级的治理流程进行开发和验证。关于项目组织治理域、职能和流程的信息，请参考 3.5 节和表 3-1。

  - **执行干系人分析**。在受到治理框架、职能和流程变更影响的所有领域中展开干系人分析。这将提供对变革影响因素和障碍因素的洞察。
  - **执行资源评估**。识别团队所需治理资源的能力和总量，确定是否可以整合内部资源，还是需要额外的资源。
  - **确定绩效度量**。定义治理的关键绩效指标，便于治理主体进行分析，并持续推动流程改进。
  - **定义培训和沟通**。根据情况建立组织变革管理方法。定义向个人和小组移交治理流程的结构化方法。《组织变革管理实践指南》提供了变革管理的模型和通用指导。编制沟通管理计划，其中包括需要分发给组织的关于治理变革、时间点和培训的相关信息。

项目组合治理管理计划涵盖监督、控制、整合和决策职能。即使当前有现成的项目组合治理管理计划，也需要对其进行更新，以反映对治理的提升。项目组合治理管理计划概要描述治理的组织架构、目的、角色、职责、政策、程序和执行治理职能和流程所需的后勤保障，也可能会建立一份单独的文件来详细说明政策、程序和流程。项目组合治理管理计划应该包括但不限于以下内容：

- **项目组合治理方式和需求**。项目组合治理管理计划应该描述治理方式和在项目组合和组件层级的治理互动需求。

- **治理主体的组织架构和成员**。这是对治理组织架构（主体、委员会、指导会）、成员、角色、职责和决策授权的描述。

- **单个团队成员、角色和职责**。这些人员是关键干系人，将参与项目组合治理的职能和流程。要对决策的最终责任制和授权进行描述。

- **治理职能和流程**。项目组合治理管理计划应该描述针对项目组合和组件的治理职能和流程，以及如何实施这些职能和流程。项目组合治理管理计划可能会提供定期的评估，来度量进展和发现需要的调整。

- **收益、绩效指标和度量**。应该定义用于评估项目组合价值和组件收益交付的方法和指标，以及收集、整合和报告的方法，如平衡计分卡或仪表盘。

- **假设、制约因素和依赖关系**。需要把假设条件、资源、预算或运营方面的限制，以及与实施部分其他领域的依赖关系列出来。

- **风险/问题升级和报告**。描述风险/问题升级和报告的流程和标准。

- **沟通和培训**。描述如何针对治理职能和流程进行沟通。沟通和培训的对象应包括新建的治理主体、新建或调整后的角色个人、对计划提供支持的发起人和干系人。

- **审查、健康检查和质量审计**。管理计划中应该定义对项目组件审查和审计的需求，包括进度规划、质量审计、阶段关卡审查等。阶段关卡审查应该采用已经建立的治理职能和流程，确定组件是否正在按计划交付结果和收益。

- **组件启动、关闭和移交**。计划中应该概述启动、关闭和移交项目组合组件的标准和治理流程。启动组件的治理批准通常根据组件的商业论证进行。计划应该具体说明关闭和移交组件的标准和流程。

项目组合治理管理计划被批准后，应该与所有干系人沟通，特别是与那些被要求实现项目组合预期价值和组件结果与收益的人。项目组合治理管理计划是实施步骤的关键输入。

A1.1.3　实施

实施步骤的目的是使得治理职能和流程投入运行，确保有效的组织变革，完成各种治理审查，以及度量项目组合绩效。实施步骤的活动包括交付治理职能和流程、管理组织变革和监督与度量治理绩效。实施步骤的活动包括：

- **交付治理职能和流程**。把职能和流程文档化。这可能包括政策、程序、工具和技术。一项正式的组织政策可能会说明项目组合和组件需要遵守哪些流程和工具。

- **管理组织变革**。根据项目组合治理计划或单独的组织变革管理计划来开展组织变革的管理。

    - ***交付培训和沟通。***根据需要对干系人进行沟通和培训。这应该发生在治理流程和汇报体系投入运行之前，也是在组件启动之前。对所需的潜在变革，要报告和跟踪参与情况、反馈和结果。根据变革的复杂性和风险，在开展广泛实施之前，可能需要对流程进行试点，并根据需要做出调整。
    - ***提供支持服务。***在治理流程和工具的实施过程中或刚刚结束后，提供组织变革管理支持。对申请和接收支持的机制，应提供详细信息。

- **监督/度量治理绩效**。一旦流程被实施，就应该根据在项目组合治理管理计划中的绩效参数来收集绩效数据和报告，包括：（a）流程绩效；（b）接受变革的程度；(c)结果。如发现不符之处，则应调整计划。

    - ***审查、授权和移交组件。***在组件授权之前，应根据治理管理计划中定义的标准，对每个组件各自的商业论证进行审查和批复。
    - ***执行审计审查。***通过审查来评估项目组合的进展，这要与组件审查保持独立。
    - ***监督和度量收益交付。***项目组合治理团队对项目组合和项目组合组件进行监督和度量。

实施步骤完成之时，治理职能和流程已投入运行，组织变革得到管理和支持，项目组合治理绩效得到报告。这些都是改进步骤的关键输入。

A1.1.4　改进

改进步骤的目的是评估治理绩效和识别改进机会。改进步骤的活动包括：①确定治理流程的绩效和影响；②保证收益持续性。应该对治理流程进行评价，以识别未来的改进机会，组织可能需要调整来提升治理的有效性。

持续改进为组织提供了根据绩效度量结果或环境变化来调整治理流程的能力。持续改进需要结构化的变革管理方法。变革管理已经融入 PMI 的基本标准和实践指南中。项目组合治理框架的实施方法是一个持续改进的生命周期，其中反复执行评估、规划、实施和改进四个步骤，以不断提升治理的有效性。改进步骤的活动包括：

- **识别治理改进项**。通过执行以下活动来识别：
  - ***审查项目组合报告。***项目组合报告可能是潜在流程改进的起源。组件层级的经验教训也可能是治理改进的源头，组织需要参考这些来改进未来项目组合。经验教训和良好的治理实践可能会被融合到未来的项目组合组件中，包括项目集和项目。
  - ***执行治理流程的影响分析。***在新建或改进的流程被实施之后，应当收集和审查度量值，并根据项目组合治理管理计划中定义的度量方法来评估流程的使用情况。可以采用治理记分卡或仪表盘来沟通绩效度量结果和实现目标的进展。
  - **保证收益持续性**。治理确保通过组织投资和努力所获取的收益可以在组件关闭之后被持续拥有。在组件移交之后对收益进行持续监督可能需要成本和单独的预算。保证收益持续性所需的活动和成本可能是项目组合或运营的一部分。运营领域可能提供保证收益持续性的活动。

该步骤的关键输出是治理改进机会。

A1.2　项目集治理框架实施步骤

A1.2.1 节到 A1.2.4 节描述了项目集治理框架的实施步骤（见图 A1-2）。

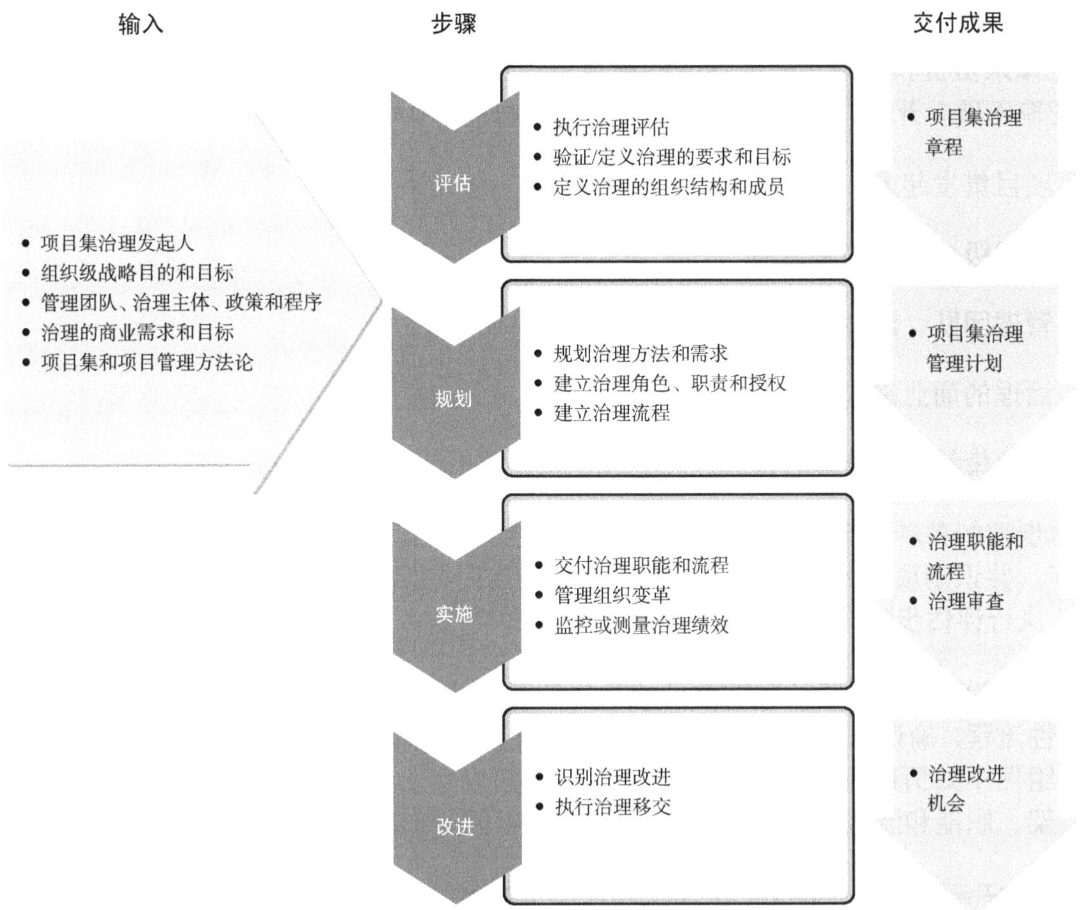

图 A1-2 项目集治理框架的实施步骤

A1.2.1 评估

对一个项目集的需求由组织或项目组合管理团队来确定。无论一个项目集如何被启动，评估步骤的目的就是制定治理章程，并由治理主体批准。对于一个给定的项目集，评估现有的组织级、项目组合和项目集治理非常重要。因此，第一步就是要评估项目集当前采用的治理，确定项目集的治理需求和目标，并定义项目集治理的组织架构和成员。如果治理实践缺失或不成熟，应该由项目集经理和发起人来定义和建立项目集治理。

执行评估和分析有助于项目集经理和发起人确定项目集治理的当前状况，以及适用于治理的相关职能和流程。对不同领域的评估和风险分析有助于分析项目集治理当前状态和期望之间的差距。在制定项目集治理章程时，需要对治理的组织架构和成员提出建议，执行评估和差距分析有助于这一过程。治理章程可以是项目集章程的一部分，也可以是单独的文档。

评估活动以及后续的规划、实施和改进活动应当由项目集发起人、项目集经理和已建立的治理主体来负责和领导。根据具体的项目集范围和组织背景，评估项目集治理的当前状态需要一些输入项。开展评估步骤时一些关键输入包括：

- 项目集发起人。
- 组织级战略目的和目标。
- 管理团队、治理主体、政策和程序。
- 治理的商业需求和目标。
- 项目集和项目管理方法论。

评估步骤的各种活动和结果应当有助于确定组织中已有的能对项目集产生影响的治理政策和程序，并识别项目集在何处需要规划和实施治理框架、职能和流程，以实现有效的项目集治理。执行评估步骤时的一些关键活动包括：

- **开展治理评估**。确认影响治理成功规划和实施的因素。理解组织战略，评估战略一致性流程。确认当前流程是否可以确保优化及项目集商业收益的交付。确认在项目集的组件中如何进行一致性管理以支持项目集目标。评估的结果应当支持项目集治理框架、职能和流程的实施或改进。应当对以下领域进行评估或分析：
  - *干系人参与*。确认干系人的最终责任制和决策授权，以制定项目集治理章程。联合干系人来理解文化、政治和担忧，以确定这些因素如何影响治理框架的实施。识别影响因素，如项目集复杂性和外部干系人。可以采用多种技术来收集信息，比如调查、在访谈或工作会议中询问开放式问题等。
  - *确定组织级流程和实践*。评估当前的治理组织架构、政策和流程。分析组织级治理监督和决策支持。确定跨项目集组件的规划、控制、交付、转移和收益交付是否能满足期望的收益，如不能，需确认问题和原因。确认从事监督和决策工作的当前角色和职责。确认如何监控战略一致性和收益实现。
  - *确定组织级能力和支持*。确定组织中用于支持治理职能包括控制、监督、决策和整合的能力。需要评估的领域包括 PMO、信息系统、知识管理、审计支持、教育和培训。
  - *确定治理的范围、目的和成功度量*。项目集治理的期望未来状态应当说明：包含在项目集范围内的治理职能和流程（以及不包含在内的）、治理的目的和目标、度量成功的标准；同时，还需识别治理主体，识别需要新建或改进的治理职能或流程，如战略一致性和收益的识别与交付，并包含成功标准或期望结果。另外，需要识别商业需求和预期交付价值。将需求和价值与组织的使命、愿景、战略和目标联系起来。

- ○ *执行差距分析。*在评估了治理的当前状态并明确了未来期望状态之后，需执行差距分析。执行评估所获得的多种结果有助于分析当前状态和未来期望状态之间的差距。根据项目集的情况，描述当前状态和期望的未来状态之间的差距，并附上变更的理由和期望的收益。
- ○ *执行 SWOT 或风险分析。*风险可能在各种分析过程中得以确认，也可能在识别期望的未来状态和差距分析之后得以确认。分析关于战略一致性和收益实现的优势、劣势、机会和威胁。确定所识别风险对实现项目集目标和商业收益的影响。确定如何铺开项目集治理相关的职能和流程，以提升战略一致性、整合管理和收益实现的机会。

- **验证/定义项目集治理需求和目的。**根据治理评估，验证并定义项目集治理的需求和目的。对于一个组织来说，治理需求和目的是独特的。项目集商业论证和关键干系人可以对治理需求、目的、组织架构、成员和授权提供方向。举例来说，治理的需求和目的可能包括决策透明度、最终责任制、风险管理等。项目集治理计划应该描述治理的目的，以及在不同情景下的决策标准和授权，如阶段关卡审查、组件启动和移交、已升级问题和风险的解决等。

- **定义治理的组织架构和成员。**组织需要和来自项目集的需求构成了治理架构的基础。根据各种评估和 SWOT/风险分析，定义项目集所需的治理组织架构和成员。项目集治理和子项目集及组件治理中的组织架构和成员可能并不相同。需要详细记录组织架构、成员和角色，以及在项目集收益交付的过程中组织架构和成员如何随着组件的规划和授权而变化。

得到批准的项目集治理章程是评估步骤的关键输出或交付成果。治理的需求和组织架构得以澄清，组织对变革的准备度得到评估，项目集治理的组织架构和成员得到定义。项目集治理章程是评估步骤的关键交付成果。项目集治理章程可以是项目集章程的组成部分，也可以是单独的一份文件。项目集治理章程授权和定义治理的组织架构、成员和角色。章程描述了为了满足组织战略和运营目标的治理方法。治理章程针对项目集治理方法，建立了清晰而易于理解的领导者协议，以确保对项目集的监督、贡献、支持，以及与战略的一致性；反过来，也定义了给予各个项目集的自治权力。项目集的自主度也需要给出。治理章程还描述了与当前组织治理架构、政策和程序的整合程度。项目集治理章程描述了当前组织治理和项目集治理的关系，以及治理将如何向组织交付价值。

批准的项目集治理章程是规划步骤的关键输入。

A1.2.2 规划

规划步骤的目的是为建立治理组织架构、角色、职责和授权、治理相关的流程，以及所需的交互而做的治理准备。该步骤的输出是详细定义项目集治理方法的项目集治理管理计划。在对变革进行规划时，需要考虑人员和文化问题。因此，在治理中，应该对干系人参与进行规划，包括治理职能和流程的实施方法、过渡和整合。根据项目集治理变革的程度，项目集治理管理计划应该在组织文化和对实施方法的准备度之间寻求平衡。

规划活动促成项目集治理管理计划的制订。《项目集管理标准》（第 3 版）6.2.4 节描述了项目集治理管理计划的组成部分。项目集治理管理计划可以是项目集管理计划的组成部分，也可以是单独的计划。

规划活动包括定义、记录和建立项目集整体及组件治理方法，详细的角色、职责和授权，决策及为了实现有效项目集治理的其他流程。应当根据需要实施或改进的治理范围来识别和分派团队资源，并召开工作会议促进干系人参与规划活动。执行规划步骤时的一些关键活动包括：

- **规划治理方法和需求。**确定对项目集和单个项目集组件进行指导和监督的方法，以促进项目集目标和收益的交付。
- **建立治理角色、职责和授权。**关于角色和职责的信息参见 4.4 节。识别治理主体的角色、职责和决策授权、发起人、项目集经理、项目经理、关键干系人和 PMO。
- **建立治理流程。**关于项目集治理域、职能和流程的信息参见 4.5 节和表 4-1（如决策、风险升级、变更请求及各种项目集和组件评审流程）。规划活动重点在于识别如何创建和实施期望的项目集治理流程。确定资源、实施方法和实施流程的时间表。
    - *定义培训和沟通。*根据情况建立组织变革管理方法。定义向个人和小组移交治理流程的结构化方法。《组织变革管理实践指南》提供了变革管理模型的详细清单和通用指导。
    - *识别质量政策和沟通。*应当识别项目集质量标准和政策，并应用于项目集组件。管理流程、商业验证输出、客户验收、测试参数或其他的行业或职能标准都是质量标准的例子。

规划步骤的关键输出或交付成果包括得到批准的项目集治理管理计划以及风险、绩效和沟通子治理计划。规划步骤的关键交付成果包括：

- **项目集治理管理计划。**项目集治理管理计划概要描述治理的组织架构、目的、角色、职责、政策、程序和执行治理域、职能和流程所需的后勤保障，也可能会建立一份单独的文件来详细说明政策、程序和流程。项目集治理管理计划应该包括但不限于以下内容：

- *项目集治理方法和需求。*描述项目集层级和组件层级的治理方法和治理交互需求。
- *治理主体的组织架构和成员。*描述治理的组织架构（主体、委员会、指导委员会）、成员、角色、职责和决策授权。
- *依赖关系、假设和制约因素。*列出治理的关键依赖关系、假设条件和制约因素，包括资源、预算和运营限制。
- *单个团队成员、角色和职责。*识别将参与项目集治理职能和流程的关键干系人。对决策的最终责任制和授权进行描述。
- *收益、绩效指标和度量。*列出用于评估项目集和识别组件收益交付的方法和指标，并描述收集、整合和报告组件的方法（如平衡记分卡或仪表盘）。
- *治理职能和流程。*描述针对项目集和组件的治理职能和流程，以及如何实施这些职能和流程。项目组合治理管理计划可能会提供定期再评估，来度量进展并发现需要的调整。
- *风险/问题升级和报告。*描述风险/问题升级和报告的流程和标准。
- 沟通和培训。描述在项目集生命周期内和在治理流程的设计、实施及支持过程中所需的沟通和培训。
- *审查、健康检查和质量审计。*定义对项目集和组件审查和审计的需求，包括进度规划、召开会议、活动、质量审计和阶段关卡审查。描述项目集层级的阶段关卡审查。项目集阶段关卡审查应该采用已经建立的治理职能和流程，并确定项目集是否正在按计划交付收益。
- *组件启动、关闭和移交。*概述启动、关闭和移交项目集组件的标准和治理流程。启动组件的治理批准通常基于组件的商业论证。具体说明关闭和移交组件的标准和流程。
- *支持服务。*识别需要治理相关支持的领域。同时描述在项目集过程中的反馈和支持方式。

- *干系人参与*。列出在项目集生命周期内和治理活动中需要参与和沟通的干系人。

项目集治理管理计划被批准后，应该与所有干系人沟通，特别是与那些被要求实现预期收益和项目集成功的干系人。项目集治理管理计划的更新请求可能基于如下变更：组织战略，项目集战略和计划，治理主体的成员、责任和授权，以及项目集生命周期内的治理政策、程序和流程的变更。项目集治理管理计划是实施步骤的关键输入。

A1.2.3　实施

实施步骤的目的是使得治理职能和流程投入运行，管理组织变革，完成各种治理审查，以及度量治理绩效。实施步骤的活动包括：干系人参与，执行职能和流程，审查、授权和关闭组件，执行各种审查和审计，以及监控和度量治理绩效。

这个步骤对应生命周期中的收益实现阶段，此时，组件已得到授权，战略一致性得到审查，组件的商业论证得到批准。需要对收益交付和对报告及控制流程的遵从性进行监督。随着不同组件被完成并移交到运营领域，实施和改进步骤的活动可能会多次重复。实施步骤的关键输出包括投入运行的治理职能和流程、得到管理的组织变革、已完成的治理审查以及已测量的治理绩效。实施步骤的关键活动包括：

- **交付治理职能和流程**。把职能和流程文档化，这可能包括政策、程序、工具和技术。一项正式的组织政策可能会说明项目集和项目集组件需要遵守哪些流程和工具。
- **管理组织变革**。根据项目集治理管理计划或单独的组织变革管理计划来开展组织变革的管理。
  - *交付培训和沟通*。根据需要对干系人进行沟通和培训，这应该发生在治理流程和汇报体系投入运行之前，也是在组件启动之前。对潜在的所需变革，要报告和跟踪参与情况、反馈和结果。根据变革的复杂性和风险，在开展广泛实施之前，可能需要对流程进行试点，并根据需要做出调整。
  - *提供支持服务*。在治理流程和工具的实施过程中或刚刚结束后，提供组织变革管理支持。对请求和接收支持的机制，应提供详细信息。
- **监督/度量治理绩效**。应在以下方面监督和度量治理绩效。
  - *审查、授权和移交组件*。在组件授权之前，应根据治理管理计划中定义的标准，对每个组件各自的商业论证进行审查和批准。
  - *执行阶段审查、绩效审查和审计审查*。通过审查来评估项目集的进展，这要与组件审查保持独立。

　

- *监督和度量收益交付。*项目集治理团队对项目集和项目集组件进行监督和度量。

实施步骤完成之时，治理职能和流程已经投入运行，并执行了治理审查，度量了治理绩效。这些都是改进步骤的关键输入。

A1.2.4 改进

改进步骤是第四步也是最后一步，目的是识别治理改进机会和执行治理移交活动。改进步骤包括执行财务收尾、项目集移交、项目集关闭和收益维持。改进步骤的活动包括：

- **识别治理改进机会。**评估治理流程来发现未来的改进机会，使得组织可以通过调整来改进治理的效率。项目集报告可能是潜在流程改进的源头。项目集层级的经验教训也可能是治理改进的源头，组织需要参考这些来改进未来项目集。经验教训和良好的治理实践可能会被融合到未来的项目集，尤其是项目集定义阶段的治理风险、绩效和沟通规划中。

- **执行治理移交。**治理移交活动可能包括项目集治理移交和知识移交活动。

  - *执行项目集收尾。*在批准项目集结束之前，需要执行最终的项目集阶段关卡审查。由治理主体批准项目集的关闭建议。商业论证、项目集治理管理计划和干系人参与计划应当详细说明项目集的最低验收标准和度量指标；应当审查干系人对绩效的满意度，且评估绩效。一旦收尾建议得以批准且收益维持已开始，项目集收尾就开始了。关闭项目集预算并向干系人沟通。收尾信息应当被记录在收尾声明中，并在最终的项目集绩效报告中进行概述。在项目集收尾阶段，需要对治理移交进行规划，并转移当前责任。治理主体需要确认预期的整体收益是否已经实现，还是需等项目集移交完成后才可实现。

  - *保证收益持续性。*治理确保通过组织投资和努力所获取的收益可以在项目集结束之后得以持续。可能需要通过一些活动把项目集治理移交给别的实体，以监视和督查收益的持续情况。在项目集移交之后对收益进行持续监督可能需要成本和单独的预算。保证收益持续性所需的活动和成本可能是项目组合、项目集、项目或运营的一部分。运营领域可能提供保证收益维持活动。

本步骤的关键输出是记录在最终收尾报告中的改进机会。收尾报告可能涉及治理、绩效、财务、风险或收益。这些报告中的信息可为未来的项目集治理提供改进的机会。

A1.3　项目治理框架实施步骤

A1.3.1 到 A1.3.4 节提供了项目治理框架的实施步骤（见图 A1-3）。

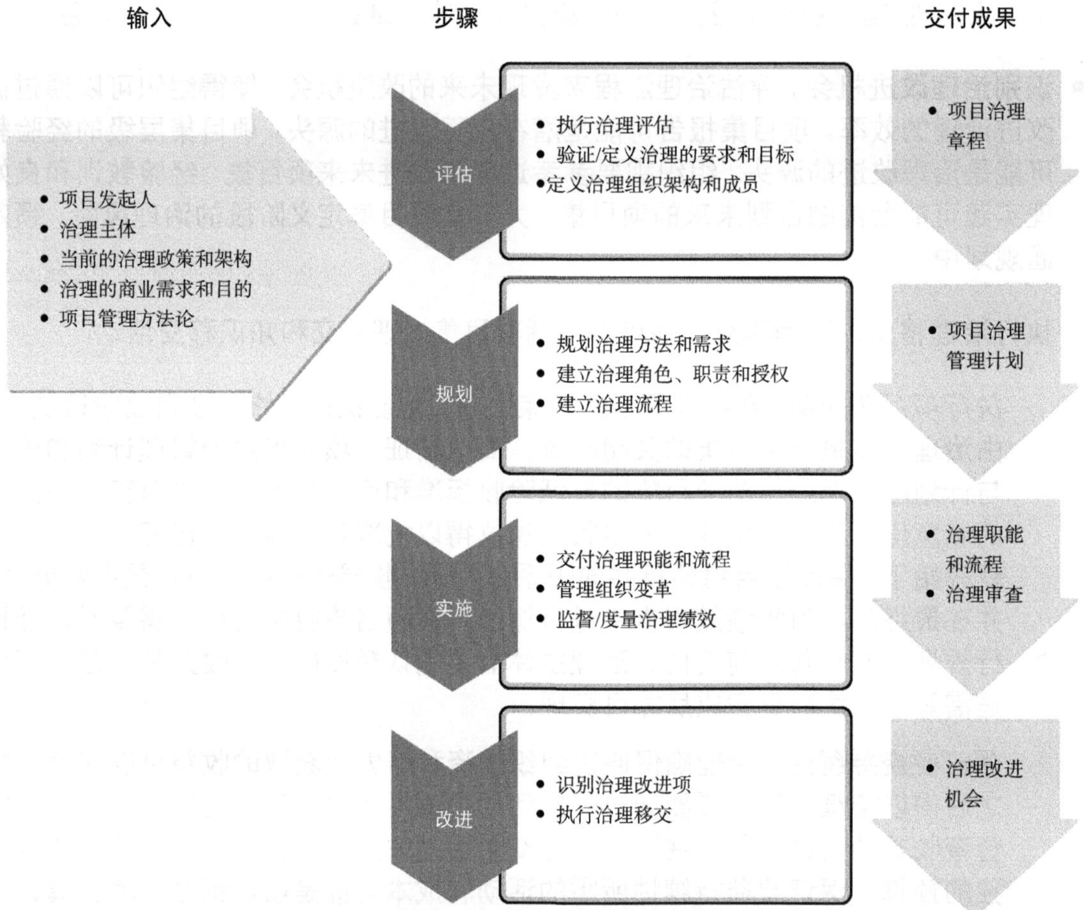

图 A1-3　项目治理框架实施

A1.3.1　评估

评估步骤的目的是制定治理章程，并由治理主体批准。治理章程可能是项目章程的一部分，也可能是单独的一份章程。需要对组织环境和当前项目治理的要求和需求进行评估，这有助于创建项目治理章程。在项目治理规划和实施之前，评估项目治理的组织当前状态和相关的职能和流程非常关键。这种评估有助于当前状态与期望未来状态之间的差距分析，从而帮助项目经理和发起人确定可用于项目的相关职能和流程。由于实施是基于该评估的，而评估对每个项目来说都是独特的，因此需要基于组织环境对框架进行裁剪。

这些评估活动和后续的规划、执行和改进步骤应该被项目发起人、项目经理和已建立的治理主体负责和领导。根据具体的项目范围和组织背景，评估项目治理的当前状态需要一些输入项。开展评估步骤的一些关键输入包括：

- 项目发起人。
- 治理主体。
- 当前治理政策和架构。
- 治理的商业需求和目标。
- 项目管理方法论。

评估步骤的各种活动和结果应当有助于确定组织中已有的能对项目产生影响的治理政策和程序，并识别项目在何处需要规划和实施治理框架、职能和流程，以实现有效的项目治理。

评估步骤的活动如下：

- **开展治理评估**。应该被评估的领域包括当前的治理架构、政策、标准和流程，以及项目管理方法论、支持、指导和经验教训。
- **收集信息**。可以采用一些技术和分析来收集信息，如 SWOT 和风险分析、调查，以及在访谈或工作会议中询问开放式问题。使用 SWOT 和风险分析技术，分析组织在战略一致性和交付产品、服务和成果方面的强势、弱势、机会、威胁、差距和风险，从而更好地协助组织实施项目治理。确定已识别风险对实现项目目的和目标的影响。确定如何铺开治理相关的职能和流程方法，以提升产品、服务和成果的交付。
- **确定组织能力**。确定组织对治理职能，如监督、决策、控制和整合的支持能力。分析当前可能限制项目治理实施的指导方针和制约因素。需要评估的领域包括项目管理办公室、信息系统、知识管理、审计支持、教育和培训。在确定项目治理的实施或改进方式时，需要考虑组织当前的资源、能力或承载力。

- **执行干系人分析**。执行干系人分析，可以提供对影响项目成功执行的可能阻碍因素的洞察。了解这些阻碍有助于确定可用哪些方法来影响干系人。联合干系人参与，还有助于理解文化、政治和担忧，并确定这些因素对产品、服务或成果的管理和交付的影响。需要识别的影响因素包括项目或组织的复杂程度、政治、文化和外部干系人。可以采用一些技术来收集信息，如调查，以及在访谈或工作会议中询问开放式问题。

- **验证/定义治理需求和目标**。对于一个组织来说，治理需求和目的是独特的。项目范围和关键干系人可以对治理需求、目的、组织架构、成员和授权提供方向。举例来说，治理的需求和目的可能包括决策透明度、最终责任制、风险管理及其他。

- **定义项目治理组织架构和成员**。组织需要和来自项目的需求构成了治理架构的基础。根据干系人分析、各种评估、SWOT 和风险分析，定义项目所需的治理组织架构。需要详细记录架构、成员、角色和职责。

评估步骤的重要交付成果或输出是项目治理章程。

项目治理章程由治理主体批准，并授权项目治理框架的形成。章程描述了如何对项目进行治理，以满足组织战略和项目目标。针对项目治理如何监督、贡献、支持，以及保证与战略的一致性，建立了清晰而易于理解的领导者协议；反过来，也定义了给予各个项目的自治权力。项目治理章程还描述了与当前组织治理架构、政策和程序的整合程度，解释了与所有当前组织治理的关系，以及将如何通过治理向组织交付价值。项目治理章程是计划步骤的关键输入，以期创建治理管理计划。

A1.3.2 规划

规划步骤的目的是为建立治理组织架构、角色、职责和授权、治理相关流程及必需的交互而做准备。该步骤的输出是项目治理管理计划，其中详细说明了项目治理的方法。计划应该考虑在治理实施时如何管理组织变革。因此，应该对干系人参与进行规划，包括治理变革的方法、过渡和整合。根据治理变革的程度，治理管理计划应该在组织文化和对实施方法的准备度之间寻求平衡。

章程和规划活动促进项目治理管理计划的制订。计划应该定义角色和职责，并建立决策架构。规划步骤的活动包括：

- **规划治理方法和需求。** 基于评估结果，确定项目治理指导和监督的方式和需求。确定治理支持的流程和活动，以确保项目可成功交付其独特的产品、服务或结果。

- **建立治理角色、职责和授权。** 参考 5.4 节对角色和职责的描述。识别治理主体以及项目管理办公室、项目经理和发起人的角色、职责和决策授权。

- **建立治理流程。**参考 5.5 节和表 5-1 对项目治理域、职能和流程的描述。规划活动应该关注和识别如何创建和实施目标项目治理流程。确定资源、实施方法和实施流程的时间表。

规划活动的关键结果或交付成果是得到批准的项目治理管理计划。规划步骤的关键交付成果包括：

- **项目治理管理计划。** 项目治理管理计划描述了治理的架构、目的、角色、职责、政策、程序和执行治理域、职能和流程所需的后勤保障，也可能会建立一份单独的文件来详细说明政策、程序和流程。项目治理管理计划应该包括但不限于以下内容：
    - *目标和目的。*项目治理管理计划应该与章程的目的和范围一致。计划应该描述项目层级的治理方法和治理交互需求。
    - *治理主体的架构和成员。*这是对治理架构（主体、委员会、指导委员会）、成员、角色、职责和决策授权的描述。
    - *单个团队成员、角色和职责。*识别将参与项目治理职能和流程的关键干系人。对决策的最终责任制和授权进行描述。
    - *干系人参与。*列出在项目生命周期内和治理活动中需要参与和沟通的干系人。
    - *项目治理职能和流程。* 项目治理管理计划应该描述针对项目的治理职能和流程，及其如何实施这些职能和流程。计划可能会提供定期再评估，来度量进展并发现需要的调整。
    - 沟通和培训。描述在项目生命周期内和对治理流程的支持过程中所需的沟通和培训。
    - *支持服务。*识别需要治理相关支持的领域。同时描述在项目过程中的反馈和支持方式。

为确保成功实施，批准的项目治理管理计划应该与所有干系人沟通，特别是那些被要求参与的人员。项目治理管理计划是实施步骤的关键输入。

A1.3.3 实施

实施步骤的目的是使治理职能和流程投入运行，管理组织变革，完成各种治理审查，以及度量治理绩效。实施步骤的活动包括干系人参与，执行职能和流程，开展各种审查和审计，监督和度量项目治理绩效。这个步骤的成果包括已建立的治理主体，已实施的职能和流程，已完成的沟通、项目绩效报告及治理评审。干系人参与对准备组织变革和制定决策非常关键。实施步骤的活动包括：

- **交付治理职能和流程**。把职能和流程文档化，这可能包括政策、程序、工具和技术。建立治理框架、成员、角色、职责和决策授权。

- **管理组织变革**。根据项目治理管理计划或单独的组织变革管理计划，执行组织变革管理。

- **监督和度量绩效**。根据项目治理管理计划，监督和度量项目进展。根据需要更新项目治理管理计划，以处理必要的变更和更新。开展治理审查和审计，以评估在既定条件和参数范围内项目的进展情况。

实施步骤完成之时，治理职能和流程已经投入运行，并执行了审查，汇报了进展。这些都是改进步骤的关键输入。

A1.3.4 改进

改进步骤是第四步也是最后一步，目的是识别治理改进机会和执行治理移交活动。改进步骤也包括执行项目收尾和收益维持。该步骤的结果有绩效评估、改进机会和收尾报告。报告中的信息可为未来的项目治理提供改进的机会。改进步骤活动：

- **识别治理改进**。从干系人处获得反馈以及记录经验教训，促使治理主体和发起组织考虑未来改进机会。

- **执行治理移交**。治理移交活动可能包括项目治理移交和知识移交活动。

- *开展项目收尾。*在批准项目结束之前，需要执行最终的项目阶段关卡审查。商业论证和项目治理管理计划和干系人参与计划应当详细说明项目的最低验收标准和度量指标。另外，应当审查干系人对绩效的满意度，且评估绩效。一旦治理主体批准项目关闭，就应该关闭项目预算，并和干系人沟通。收尾信息应当被记录在收尾声明中，并在最终的项目绩效报告中进行概述。
- *保证收益持续性。*治理确保通过组织投资和努力所获取的收益可以在项目结束之后得以持续。可能需要通过一些活动把项目治理移交给别的实体，以监视和督查收益的持续情况。在项目移交之后对收益进行持续监督可能需要成本和单独的预算。某个运营领域可能提供收益维持活动。

改进步骤完成之时，表示绩效评估、改进机会识别和收尾报告都已经完成。这些报告中的信息可为未来的项目治理提供改进的机会。

附录 X1 《项目组合、项目集和项目治理实践指南》的贡献者和审查者

本附录列出了对《项目组合、项目集和项目治理实践指南》的编写和出版做出贡献的个人和组织，每组内贡献者按照字母顺序排序。

项目管理协会感谢以下所有人员的支持，并认可他们对项目管理专业所做出的贡献。

X1.1 核心委员会成员

以下人员作为成员，对文稿或概念做出了贡献；同时，在项目核心委员会中担任了领导者的角色：

Guillermo Blanco Hernández, PMP
Mustafa Hafizoglu, MSc, PMP
Mark T.W. Lam, MSc, PMP
Francesca Pratt, MBA, PMP
Jen L. Skrabak, PfMP, PMP, Chair
Gwen Whitman, EMBA, PfMP, Vice Chair
Lorna Scheel, MSc, PMI Standards Compliance Specialist

X1.2 参加审查的领域专家

除了委员会成员外，以下人员对标准的初稿进行了审查，并提出了建议。

Angie Bates, MBA, PfMP
Joyce D. Brown, PMP, CBAP
Thomas Carlqvist, MSc, PMP
Colette J. Connor, PMP
Darya Duma, PEng, PMP
Wayne D. Ellis, PE, PMP
Richard J. Heaslip, PhD
Lucia Italiano, PMP
Walther Krause, PMP
Ginger Levin, PhD, PgMP, PMP

Warren R. Long, P. Eng, PMP
Jianfeng Ma, PMP, MSP Advanced Practitioner
Mercedes Martinez Sanz, PMP
Oyinkansola A. Ogundalu, PMP, CBAP
Laureen Pfizenmaier, PMP
Hamidur Rahman Adnan, PfMP, PgMP
Palani Vel Rajan, PMP
Michael Reed, PfMP, PMP
Ivan D. Rincon, CISA, PMP
Gary Scherling, PMP, PMOC
Fernando Schmidkonz, MBA, PMP
Rommert Stellingwerf, MSc, PMP
Edward W. Sullivan, PMP
Galen Townson, EMBA, PMP
Angelo Valle
Michael A. Yinger

X1.3 会员顾问小组审查

以下人员作为 PMI 标准项目集的会员顾问小组成员，对项目组合、项目集和项目治理实践指南的最终版本进行了表决。

Laurence Goldsmith, MBA, PMP
Hagit Landman, MBA, PMP, PMI-SP
Yvan Petit, PhD, PfMP
Chris Stevens, PhD
Dave Violet, MPM, PMP
John Zlockie, MBA, PMP, PMI Standards Manager

X1.4 工作人员

Special mention is due to the following employees of PMI:
Donn Greenberg, Manager, Publications
Roberta Storer, Product Editor
Barbara Walsh, Publications Production Supervisor

X1.5 中文版翻译者

翻译小组成员：何国勋、焦春芳、许江林

统稿：许江林

附录 X2　有关项目、项目集和项目组合治理的研究发现总结

本附录节选自一份 2014 年 12 月的 PMI 内部调研报告。

X2.1　目的

这份报告的特定目的是对项目管理和相关学科的研究进行审查，寻找在项目、项目集和项目组合治理方面的基于证据的发现，以在建立未来标准时予以考虑。此项研究审查了已发表的研究报告中关于治理影响的关系，涉及 2000 年至 2014 年发表的大量文献（阅读了 1500 份摘要，206 项编码列入研究）。

X2.2　发现

调查结果显示，现行标准反映人们通常怀有的项目治理理念（或困惑），如在灰色文献、博客和大量项目管理文献中所报告，但没有反映在调查文献中可获得的一些现有的基于证据的发现。这说明仍然需要对治理进行研究，从而推动治理标准的建立。

关于项目、项目集和项目组合治理的定义，在研究和标准两个方面都遇到以下问题：管理与治理概念的混用，治理需求在项目、项目集和项目组合管理不同层级上的困惑，以及缺乏方法来区分业主/发起人、项目、组织网络和基于项目的组织对治理的不同需求。

PMI 标准能作的特别贡献是将项目治理区分成不同的层和域。提供一套对项目、项目集和项目组合管理不同内在治理类型的一致定义和理解，这将对研究者和实践者将其精力关注于恰当的机制都有帮助，也有助于在治理方面开展更多的、基于证据的研究工作（见表 X2-1）。

表 X2-1　汇总了有关调查问题的发现

调查问题	发现汇总
1. 研究文献和标准如何定义项目、项目集和项目组合治理？哪些定义被用在项目、项目集和项目组合治理？在这些定义中有哪些通用组成部分？	对治理在相关学科中的研究借鉴了近 50 年来对治理研究的各个分支，其中显示所使用的定义中包含了监督和指导的因素，且通常位于组织的顶层。然而有几种使用的定义，每种都关联到一个特定的研究分支，研究者清晰地描述了他们对不同分支间交织关系的研究。最近的工作是开始将治理扩展为全组织的需求，而不仅仅来自高层。 对项目型期刊的治理研究发现，它们倾向使用更宽泛的定义和趋势分类，经常混用治理与管理。对单个项目治理、项目层级治理、项目管理的治理及组织复杂网络的治理之间也存在混淆。 PMI 标准（2014）对组织中运行的不同层级的项目管理提供的定义，考虑了目标组织对裁剪治理的已识别需求，考虑到组织不同层级上所管理的项目、项目组合和项目集，这套方法可能是合理的。但是，PMI 标准延续对管理和治理活动进行合并的研究趋势。 其他的项目组合、项目集和项目标准体系倾向于把治理定义到公司级别或者高层级别，使其与高管或董事会创建指导与控制系统的活动相关。大多数情况下，治理被定义为公司治理中与项目活动有直接关系的那些领域。
2. 对 PPP 治理的研究所展示的当前状况是什么？	除 IT 期刊外，非项目型期刊中很少甚至几乎没有关于项目组合、项目集和项目治理的实践证据。除发起人和指导委员会外，也很少有关于项目组合、项目集和项目治理有效性的实践证据。 有长期的且正在增长的实践证据显示，有效的项目发起人制度会同时影响项目管理和项目商业的成功。 对指导委员会的角色进行探索的实证研究文献的数量正在增长，但研究结果尚不清晰。 治理和管理之间存在重合。 写项目文献的每个人看上去都认为自己理解“治理”这个术语，他们或者并没有定义那意味着什么，或者没有建立在他人基础之上而自行定义，尤其没有参考通用管理的文献。 在 2014 年发行的出版物上，对治理的关注和寻找证据的努力都在增长。
3. 调查研究揭示的企业治理与项目组合、项目集和项目治理间的结构关系是什么？	实证工作几乎没有。 大多数研究中所建议的结构关系的运作如下： • 企业层治理关注监督和指导，通过项目组合管理机制和 OPM 框架的创建来实现。 • 发起人、指导委员会和项目组合（项目和项目集）管理主体在项目管理、战略管理和企业治理间起桥梁作用。 • 项目和项目集管理属于管理层级。 有些实证研究显示了在不同层级之间进行统一的需要，以及在组织不同层级间移交控制模式的需要。IT 研究得出了一些在 IT 治理领域的实践证据。到目前为止，大多数对治理结构和项目发起人的深入研究可以在 IT 文献中找到。 Müller 等人（2014）最近的研究开始为这项工作奠定基础。 在工程和建筑项目的世界中，治理问题通过合同缔结得到解决，合同中定义了项目治理的规则。契约集合形成项目治理规则。有越来越多的文献正在关注关系型合约和正式合同在治理此类项目中所担当的角色。

续表

调查问题	发现汇总
4. 调查揭示的项目发起人、项目指导委员会和项目组合、项目集和项目治理之间的关系是什么？这些角色和架构如何相互作用？这些架构一起工作所面临的挑战（如有）是什么？根据调研结果，促进项目和项目集成功交付的有效治理的理想特征是什么？	有明显的证据表明发起人角色的重要性，不仅是在项目管理过程中作为支持角色，支持项目经理按计划交付项目，而且作为治理角色，通过对项目交付的监督和控制以实现商业收益的交付。 有关指导委员会的证据有些不清晰，有些实证支持他们所带来的益处，但是对于这些益处是来源于指导（决策）委员会还是顾问（干系人）委员会仍存在模糊。还有一种担忧是，指导委员会降低了发起人的授权和决策权。 对发起人、指导委员会和项目组合、项目集或项目管理之间的关系却鲜有讨论，除了关注这些关系在组织间如何不同的大量案例研究外。 在实践类和 PPP 概念类文献中都有一些针对这些关系应该如何运作的讨论，但几乎都不是通过实证的方式。 Müller 等人 (2014)提供了一些基础的证据，证明了 Müller（2009）提出的四个项目治理模型在实践中很通用。将来的研究需要对影响这些模型选择的权变因素进行证明，以及其中的某些模型是否更加支持项目的有效交付。 越来越多的研究关注于实施治理的权衡、成本和挑战。
5. 关于有效治理的哪些研究没反映 PMI 的基础标准？	治理与管理是有区别的。治理提供对管理的监督和指导（确保做的事是正确的）。管理是对生产活动的实施、监督、控制和指导（确保正确完成工作）。 有效的治理应该尽量精简架构，因为治理架构和监督机制都涉及成本，这经常会导致非预期的后果。 人们会根据所实施的治理风格做出反应。严格的、正式的治理架构会把主动性、创新和信任挤走。 Müller’s (2009)模型（“跨干系人”对“干系人主导”；“结果控制”对“行为控制”）在实证研究中得到了证明，该模型也对影响有效治理的情景因素进行了监视。
6、哪些经过研究证明的项目组合、项目集和项目的治理实践或机制，应该被包含在 PMI 的四个基础标准中？	PMI 标准应该包含更多在组织内不同层级的项目管理活动上实施治理的可用机制的信息。 尤其是，这五个类型的治理机制应该在适当的 PMI 标准中进行讨论： • 不基于人的客观治理。 • 基于人的治理。 • 垂直授权。 • 非正式的、水平的，或者横向关系。 • 正式治理。 还有更广泛的一系列组织治理架构，这些架构可能高于发起人和指导委员会，也可能被证明是有效的。标准需要针对如何在多个治理机制中做出选择提供更多的信息和指导，因为治理是否“良好”与所处环境相关。 PMI 标准需要清晰地区分项目管理活动和治理活动。

A．Müller, R., Pemsel, S., & Shao, J. (2014). Organizational enablers for governance and governmentality of projects: A literature review. *International Journal of Project Management,* 32(8), 1309–1320.

B．Müller, R. (2009). Project Governance (Fundamentals of Project Management). Farnham, U.K.: Gower.

术语表（英文排序）

Ambiguity 模糊性：一种不明确的状态，对预期结果是什么以及如何去理解情形均未知。

Assumption 假设：在规划过程中不需要验证即可视为正确、真实或确定的因素。

Benefits Realization 收益实现：将变更成功整合到日常商业运营。

Business Impact Analysis 商业影响分析：一种用于对提议变革的潜在商业后果进行评估的技术。

Business Value 商业价值：每个组织都有其独特的商业价值，其中包含有形和无形的成分。通过有效应用项目管理、项目集管理和项目组合管理方法，组织就能够使用可靠、确定的流程来实现企业目标，并从投资中获取更大的商业价值。

Change Management 变更管理：一种全面的、周期的、结构化的方法，用于将个人、团体和组织从当前状态转换到未来状态，以实现预期商业收益。

Change Readiness Assessment 变更准备度评估：对与未来状况相关的当前组织现实进行的度量，包括两个方面：需要改进或将用来支持变革的组织体系和架构；可能支持或抗拒变革的人员和文化。

Change Request 变更请求：关于修改任何文档、可交付成果或基准的正式提议。

Communications Management Plan 沟通管理计划：项目、项目集或项目组合管理计划的组成部分，描述了项目信息将如何、何时、由谁来进行管理和传播。参考“治理管理计划”、“项目组合管理计划”、“项目集管理计划和项目管理计划”。

Complexity 复杂性：项目集、项目或其环境的一个特点，由于人类行为、系统行为或模糊性而导致的难于管理。

Constraint 制约因素：对项目、项目集、项目组合或过程有影响的限制性因素。

Control Function 控制职能：对项目组合、项目集和项目提供监控、测量和报告的流程和活动。参考“治理职能”、“监督职能”、“整合职能”和“决策职能”。

Critical Success Factor 关键成功因素：项目组合、项目集和项目的高层级目标，贡献于为确保成果所必须在位的赋能因素。

Culture 文化：包括明示的工作方法（已有的正式系统和流程及其运作）和心照不宣的运作模式（非正式或半正式的网络和其他活动，人们借此做成事情，从而绕开、推翻或试图影响那些更为正式的流程）。

Decision-Making Function 决策职能：为项目组合、项目集和项目提供架构和授权体系的流程和活动。参考“治理职能、控制职能、整合职能和监督职能”。

Deliverable 可交付成果：在某一过程、阶段或项目完成时，必须产出的任何独特并可核实的产品、成果或服务能力。

Enterprise Environmental Factors 事业环境因素：团队不能直接控制的，将对项目、项目集或项目组合产生影响、限制或指导作用的各种条件。

Functional Organization 职能型组织：一种层级组织，其中人员根据专业分组，项目经理仅有有限的权力来分配工作和使用资源。

Governance Alignment Domain 治理的一致性域：治理域之一，包含创建和维护治理框架的整体性的一组职能和流程。参考治理域、治理风险域、治理绩效域和治理沟通域。

Governance Charter 治理章程：一份授权形成治理主体，并应用资源实施或改进治理框架、职能和流程的文件，其中也需描述与已有组织治理的关系。参考项目组合章程、项目集章程和项目章程。

Governance Communications Domain 治理的沟通域：治理域之一，包含分发信息、联合干系人参与和确保组织变革的一组职能和流程。参考治理域、治理一致性域、治理风险域和治理绩效域。

Governance Domain 治理域：由一个人、一个小组或一个组织来执行的一组职能，用于处理某个特定治理领域的关注问题。参考治理一致性域、治理风险域、治理绩效域和治理沟通域。

Governance Framework 治理框架：由项目组合、项目集和项目的四种治理域构成，包括治理一致性域、治理风险域、治理绩效域和治理沟通域。参考治理域和治理职能。

Governance Function 治理职能：一组为了支持项目组合、项目集和项目治理而执行的跨治理域且相互关联的流程。参考治理域。

Governance Gap Analysis 治理差距分析：一种用来确定当前状况和未来状况的差距的技术，用来评估治理框架的优势和劣势。参考治理框架。

Governance Management Plan 治理管理计划：一份描述治理框架、职能和流程的文件，用于指导组织级项目管理、项目组合、项目集和项目管理中的活动。参考项目组合管理计划、项目集管理计划和项目管理计划。

Governance Performance Domain 治理的绩效域：治理域之一，根据参数和商业价值的实现，对 KPI 进行测量和评价的一组职能和流程。参考治理域、治理一致性域、治理风险域和治理沟通域。

Governance Risk Domain 治理的风险域：治理域之一，包括识别和应对威胁与机会并确保风险与回报平衡的一组职能和流程。参考治理域、治理一致性域、治理绩效域和治理沟通域。

Governing Body 治理主体：一个由来自不同责任和权力领域的成员组成的临时或永久的机构，为项目组合、项目集和项目提供指导和决策。

Integration Function 整合职能：为项目组合、项目集和项目提供战略一致性的一组流程和活动。参考治理职能、控制职能、监督职能和决策职能。

Issue 问题：已发生的威胁。参考机会、风险和威胁。

Key Performance Indicators 关键绩效指标：一套绩效度量方法，与某项努力的成功密切相关。

Lessons Learned 经验教训：项目过程中获得的知识，说明某个项目事件在过去是如何处理的，在未来应该如何处理，目的是提升未来绩效。

Methodology 方法论：由领域专业人员所采用的做法、技术、程序和规则等所组成的体系。

Milestone 里程碑：项目、项目集或项目组合中的重要时点或事件。

Non-governmental organization 非政府组织：不属于政府的组织。.

Opportunity 机会：对项目的一个或多个目标产生正面影响的风险。参考问题、风险和威胁。

Organization 组织：可能包含企业中不同层级的实体，也可能跨业务线和业务部门，包括各种能够影响项目和商业运营的领域或商业单元。

Organizational Environment 组织环境：组织政策及其对应的实践做法，用于支持组织项目管理战略执行框架和组织战略的实现。

Organizational Governance 组织级治理：一种通过人员、政策和流程来提供控制、指导和协调的结构化方法，旨在满足组织战略和运营目标。参考组织级项目管理（OPM）治理、项目组合治理、项目集治理和项目治理。

Organizational Process Assets 组织过程资产：执行组织所特有的并被其使用的计划、流程、政策、程序和知识库。

Organizational Project Management 组织级项目管理：一套为了实现战略目标，把项

目组合、项目集和项目管理与组织级驱动因素整合在一起的框架。

Organizafional Project Management （OPM） Governance 组织级项目管理（OPM）治理：指导组织级项目管理活动的框架、职能和流程，以使项目组合、项目集和项目管理实践满足组织战略和运营目标。参考组织级治理、项目组合治理、项目集治理和项目治理。

Organizational Project Management Maturity 组织级项目管理成熟度模型：组织可预测、可控制和以可靠方式交付预期战略成果的能力水平。

Oversight Function 监督职能：为项目组合、项目集和项目提供指南、指引和领导力的流程和活动。参考治理职能、控制职能、决策职能和整合职能。

Performance Management Plan 绩效管理计划：项目、项目集和项目组合管理计划的组成部分，描述如何结构化地组织和执行绩效管理活动。参考项目组合管理计划、项目集管理计划和项目管理计划。

Phase Gate 阶段关卡：阶段结尾的评审，做出继续下一个阶段、继续修改，或者终止项目或项目集的决定。参考项目阶段。

Portfolio 项目组合：为实现战略目标而组合在一起管理的项目、项目集、子项目组合和运营工作。参考项目集和项目。

Portfolio Balance 项目组合平衡：最优化项目组合组件的集合，从而促进组织战略目标的过程。

Portfolio Charter 项目组合章程：发起人签发的一份文档，授权和说明项目组合结构，将项目组合与组织战略目标连接在一起。参见治理章程、项目集章程和项目章程。

Portfolio Governance 项目组合治理：指导项目组合管理活动的框架、职能和流程，以期优化投资满足组织战略和运营目标。参见组织级治理、组织级项目管理（OPM）治理、项目集治理和项目治理。

Portfolio Management 项目组合管理: 为实现战略目标而对一组或多组项目组合的集中管理。

Portfolio Management Office 项目组合管理办公室：一个管理机构，负责与项目组合相关治理流程的标准化，并促进资源、方法、工具和技术的共享。参见项目集管理办公室和项目管理办公室。

Portfolio Management Plan 项目组合管理计划：具体说明如何组织、监督和控制项目组合的一份文件。

Portfolio Management Process Cycle 项目组合管理过程周期：一系列反复的、连续的、相关的流程，将被整合到组织日常流程中。

Portfolio Manager 项目组合经理：为实现战略业务目标，被执行组织委派负责建立、平衡、监督和控制项目组合组件的一个人或者团队。参见项目集经理和项目经理。

Program 项目集：一组相互关联且被协调管理的项目、子项目集和项目集活动，以便获得分别管理所无法获得的收益。参考项目组合和项目。

Program Charter 项目集章程：由发起人签发的一份文档，授权项目集管理团队使用组织资源来执行项目集，并将项目集与组织战略目标相关联。参见治理章程、项目组合章程和项目章程。

Program Governance 项目集治理：用来指导项目集管理活动的框架、职能和流程，以期交付商业价值，满足组织战略和运营目标。参见组织治理、组织级项目管理（OPM）治理、项目组织治理和项目治理。

Program Life Cycle Management 项目集生命周期管理：对与项目集定义、项目集收益交付和项目集收尾相关的全部项目集活动所进行的管理。

Program Management 项目集管理：在项目集中应用知识、技能、工具和技术来满足项目集的要求，获得分别管理各项目所无法实现的收益和控制。参见项目组合管理和项目管理。

Program Management Office 项目集管理办公室：一个管理机构，负责与项目集相关治理流程的标准化，并促进资源、方法、工具和技术的共享。参见项目组合管理办公室和项目管理办公室。

Program Management Plan 项目集管理计划：一份把项目集的各个子计划整合在一起的文件，其中建立管理控制和整体计划，以便整合和管理项目集中的各个单独组件。参考项目组合管理计划和项目管理计划。

Program Manager 项目集经理：由执行组织授权，带领一个或多个团队负责实现项目集目标的个人。参见项目集经理和项目经理。

Project 项目：为了创造独特的产品、服务或成果而进行的临时性工作。

Project Budget 项目预算：工作包成本估算、应急储备和管理储备的总和。

Project Charter 项目章程：由项目启动者和发起人发布的，正式批准项目成立，并授权项目经理使用组织资源开展项目活动的文件。参见治理章程、项目组合章程和项目集章程。

Project Governance 项目治理：指导项目管理活动的框架、职能和流程，以便创造独特的产品、服务或成果，满足组织战略和运营目标。参见组织级治理、组织级项目管理（OPM）治理和项目组合治理。

Project Life Cycle 项目生命周期：项目从启动到收尾所经历的一系列阶段。

Project Management 项目管理：将知识、技能、工具和技术应用于项目活动，以满足项目的要求。参见项目组合管理和项目集管理。

Project Management Office 项目管理办公室：一个管理机构，负责与项目相关治理流程的标准化，并促进资源、方法、工具和技术的共享。参见项目组合管理办公室和项目集管理办公室。

Project Management Plan 项目管理计划：描述项目如何被执行、监控和收尾的文件。参见治理管理计划、项目组合管理计划、项目集管理计划、沟通管理计划、绩效管理计划和风险管理计划。

Project Manager 项目经理：被执行组织委派来领导团队，负责实现项目目标的个人。参见项目组合经理和项目集经理。

Project Phase 项目阶段：一组具有逻辑关系的项目活动的集合，通常以一个或多个交付成果的完成为结束。参见阶段关卡。

Project Schedule 项目进度计划：进度模型的输出，为各个相互关联的活动标注了计划日期、持续时间、里程碑和资源等信息。

RACI　RACI：责任分配矩阵的一种常见类型，使用执行、负责、咨询和知情等词语来定义干系人在项目活动中的参与状态。

Requirement 需求：根据合同或其他正式的强制性规范，某个产品、服务或成果所必须满足的条件或能力。

Responsibility Assignment Matrix 责任分配矩阵：一种展示项目资源在各个工作包中的任务分配的表格。

Risk 风险：不确定的事件或条件，一旦发生，会对一个或多个项目目标产生正面或负面的影响。

Risk Appetite 风险偏好：为了预期回报，一个组织或个人愿意承担不确定的程度。参见风险临界值和风险承受力。

Risk Management Plan 风险管理计划：项目、项目集或项目组合管理计划的组成部分，描述如何结构化地组织和执行风险管理活动。参见治理管理计划、项目组合管理计划、项目集管理计划和项目管理计划。

Risk Mitigation 风险减轻：一种风险应对策略，项目团队采取行动降低风险发生的概率或造成的影响。参见威胁。

Risk Threshold 风险临界值：风险暴露水平，高于该水平的风险需要得到应对，而低于该水平的风险则可能被接受。参见风险偏好和风险承受力。

Risk Tolerance 风险承受力：一个组织或个人愿意承受的不确定性的程度。参见风险偏好和风险临界值。

Roadmap 路线图：项目组合或项目集中的一份文件，按照时序的形式来说明依赖关系、主要里程碑和决策点，从而对项目组合或项目集提供高层级的战略方向指导，并把业务战略与项目组合或项目集的工作联系起来。

Sponsor 发起人：为项目、项目集或项目组合提供资源和支持，并对其成功负有最终责任的个人或团体。参见干系人。

Stakeholder 干系人：能够影响项目、项目集和项目组合决策、活动或结果的个人、群体或组织，以及会受到或自认为会受到项目、项目集或项目组合决策、活动或结果所影响的个人、群体或组织。

Stakeholder Analysis 干系人分析：通过系统收集和分析各种定量与定性信息，来确定在整个项目中应该考虑哪些人的利益的一种技术。

SWOT Analysis SWOT 分析：对一个组织、项目或方案的优势、劣势、机会和威胁所进行的分析。

System 系统：包含了不同组件的集合，合在一起可以产生单个组件单独所无法产生的结果。

Threat 威胁：对项目的一个或多个目标产生负面影响的风险。参见问题、机会和风险。

Uncertainty 不确定性：对问题、事件、跟踪路径或解决方案的寻求缺乏理解和感知。不确定性可能会增加或扩大项目集或项目内外部的问题、风险、行为或情形。

术语表（中文排序）

RACI　RACI：责任分配矩阵的一种常见类型，使用执行、负责、咨询和知情等词语来定义干系人在项目活动中的参与状态。

SWOT 分析 SWOT Analysis：对一个组织、项目或方案的优势、劣势、机会和威胁所进行的分析。

变更管理 Change Management：一种全面的、周期的、结构化的方法，用于将个人、团体和组织从当前状态转换到未来状态，以实现预期商业收益。

变更请求 Change Request：关于修改任何文档、可交付成果或基准的正式提议。

变更准备度评估 Change Readiness Assessment：对与未来状况相关的当前组织现实进行的度量，包括两个方面：需要改进或将用来支持变革的组织体系和架构；可能支持或抗拒变革的人员和文化。

不确定性 Uncertainty：对问题、事件、跟踪路径或解决方案的寻求缺乏理解和感知。不确定性可能会增加或扩大项目集或项目内外部的问题、风险、行为或情形。

发起人 Sponsor：为项目、项目集或项目组合提供资源和支持，并对其成功负有最终责任的个人或团体。参见干系人。

方法论　Methodology：由领域专业人员所采用的做法、技术、程序和规则等所组成的体系。

非政府组织 Non-governmental organization：不属于政府的组织。.

风险 Risk：不确定的事件或条件，一旦发生，会对一个或多个项目目标产生正面或负面的影响。

风险承受力 Risk Tolerance：一个组织或个人愿意承受的不确定性的程度。参见风险偏好和风险临界值。

风险管理计划 Risk Management Plan：项目、项目集或项目组合管理计划的组成部分，描述如何结构化地组织和执行风险管理活动。参见治理管理计划、项目组合管理计划、项目集管理计划和项目管理计划。

风险减轻 Risk Mitigation：一种风险应对策略，项目团队采取行动降低风险发生的概率或造成的影响。参见威胁。

风险临界值 Risk Threshold：风险暴露水平，高于该水平的风险需要得到应对，而低于该水平的风险则可能被接受。参见风险偏好和风险承受力。

风险偏好 Risk Appetite：为了预期回报，一个组织或个人愿意承担不确定的程度。参见风险临界值和风险承受力。

复杂性 Complexity：项目集、项目或其环境的一个特点，由于人类行为、系统行为或模糊性而导致的难于管理。

干系人 Stakeholder：能够影响项目、项目集和项目组合决策、活动或结果的个人、群体或组织，以及会受到或自认为会受到项目、项目集或项目组合决策、活动或结果所影响的个人、群体或组织。

干系人分析 Stakeholder Analysis：通过系统收集和分析各种定量与定性信息，来确定在整个项目中应该考虑哪些人的利益的一种技术。

沟通管理计划 Communications Management Plan：项目、项目集或项目组合管理计划的组成部分，描述了项目信息将如何、何时、由谁来进行管理和传播。参考“治理管理计划”、“项目组合管理计划”、“项目集管理计划和项目管理计划”。

关键成功因素 Critical Success Factor：项目组合、项目集和项目的高层级目标，贡献于为确保成果所必须在位的赋能因素。

关键绩效指标 Key Performance Indicators：一套绩效度量方法，与某项努力的成功密切相关。

机会 Opportunity：对项目的一个或多个目标产生正面影响的风险。参考问题、风险和威胁。

绩效管理计划 Performance Management Plan：项目、项目集和项目组合管理计划的组成部分，描述如何结构化地组织和执行绩效管理活动。参考项目组合管理计划、项目集管理计划和项目管理计划。

假设 Assumption：在规划过程中不需要验证即可视为正确、真实或确定的因素。

监督职能 Oversight Function：为项目组合、项目集和项目提供指南、指引和领导力的流程和活动。参考治理职能、控制职能、决策职能和整合职能。

阶段关卡 Phase Gate：阶段结尾的评审，做出继续下一个阶段、继续修改，或者终止项目或项目集的决定。参考项目阶段。

经验教训 Lessons Learned：项目过程中获得的知识，说明某个项目事件在过去是如何处理的，在未来应该如何处理，目的是提升未来绩效。

决策职能 Decision-Making Function：为项目组合、项目集和项目提供架构和授权体系的流程和活动。参考“治理职能、控制职能、整合职能和监督职能”。

可交付成果 Deliverable：在某一过程、阶段或项目完成时，必须产出的任何独特并可核实的产品、成果或服务能力。

控制职能 Control Function：对项目组合、项目集和项目提供监控、测量和报告的流程和活动。参考“治理职能”、“监督职能”、“整合职能”和“决策职能”。

里程碑 Milestone：项目、项目集或项目组合中的重要时点或事件。

路线图 Roadmap：项目组合或项目集中的一份文件，按照时序的形式来说明依赖关系、主要里程碑和决策点，从而对项目组合或项目集提供高层级的战略方向指导，并把业务战略与项目组合或项目集的工作联系起来。

模糊性 Ambiguity：一种不明确的状态，对预期结果是什么以及如何去理解情形均未知。

商业价值 Business Value：每个组织都有其独特的商业价值，其中包含有形和无形的成分。通过有效应用项目管理、项目集管理和项目组合管理方法，组织就能够使用可靠、确定的流程来实现企业目标，并从投资中获取更大的商业价值。

商业影响分析 Business Impact Analysis：一种用于对提议变革的潜在商业后果进行评估的技术。

事业环境因素 Enterprise Environmental Factors：团队不能直接控制的，将对项目、项目集或项目组合产生影响、限制或指导作用的各种条件。

收益实现 Benefits Realization：将变更成功整合到日常商业运营。

威胁 Threat：对项目的一个或多个目标产生负面影响的风险。参见问题、机会和风险。

文化 Culture：包括明示的工作方法（已有的正式系统和流程及其运作）和心照不宣的运作模式（非正式或半正式的网络和其他活动，人们借此做成事情，从而绕开、推翻或试图影响那些更为正式的流程）。

问题 Issue：已发生的威胁。参考机会、风险和威胁。

系统 System：包含了不同组件的集合，合在一起可以产生单个组件单独所无法产生的结果。

项目 Project：为了创造独特的产品、服务或成果而进行的临时性工作。

项目管理 Project Management：将知识、技能、工具和技术应用于项目活动，以满足项目的要求。参见项目组合管理和项目集管理。

项目管理办公室 Project Management Office：一个管理机构，负责与项目相关治理流程的标准化，并促进资源、方法、工具和技术的共享。参见项目组合管理办公室和项目集管理办公室。

项目管理计划 Project Management Plan：描述项目如何被执行、监控和收尾的文件。参见治理管理计划、项目组合管理计划、项目集管理计划、沟通管理计划、绩效管理计划和风险管理计划。

项目集 Program：一组相互关联且被协调管理的项目、子项目集和项目集活动，以便获得分别管理所无法获得的收益。参考项目组合和项目。

项目集管理 Program Management：在项目集中应用知识、技能、工具和技术来满足项目集的要求，获得分别管理各项目所无法实现的收益和控制。参见项目组合管理和项目管理。

项目集管理办公室 Program Management Office：一个管理机构，负责与项目集相关治理流程的标准化，并促进资源、方法、工具和技术的共享。参见项目组合管理办公室和项目管理办公室。

项目集管理计划 Program Management Plan：一份把项目集的各个子计划整合在一起的文件，其中建立管理控制和整体计划，以便整合和管理项目集中的各个单独组件。参考项目组合管理计划和项目管理计划。

项目集经理 Program Manager：由执行组织授权，带领一个或多个团队负责实现项目集目标的个人。参见项目集经理和项目经理。

项目集生命周期管理 Program Life Cycle Management：对与项目集定义、项目集收益交付和项目集收尾相关的全部项目集活动所进行的管理。

项目集章程 Program Charter：由发起人签发的一份文档，授权项目集管理团队使用组织资源来执行项目集，并将项目集与组织战略目标相关联。参见治理章程、项目组合章程和项目章程。

项目集治理 Program Governance：用来指导项目集管理活动的框架、职能和流程，以期交付商业价值，满足组织战略和运营目标。参见组织治理、组织级项目管理（OPM）治理、项目组织治理和项目治理。

项目阶段 Project Phase：一组具有逻辑关系的项目活动的集合，通常以一个或多个交付成果的完成为结束。参见阶段关卡。

项目进度计划 Project Schedule：进度模型的输出，为各个相互关联的活动标注了计划日期、持续时间、里程碑和资源等信息。

项目经理 Project Manager：被执行组织委派来领导团队，负责实现项目目标的个人。参见项目组合经理和项目集经理。

项目生命周期 Project Life Cycle：项目从启动到收尾所经历的一系列阶段。

项目预算 Project Budget：工作包成本估算、应急储备和管理储备的总和。

项目章程 Project Charter：由项目启动者和发起人发布的，正式批准项目成立，并授权项目经理使用组织资源开展项目活动的文件。参见治理章程、项目组合章程和项目集章程。

项目治理 Project Governance：指导项目管理活动的框架、职能和流程，以便创造独特的产品、服务或成果，满足组织战略和运营目标。参见组织级治理、组织级项目管理（OPM）治理和项目组合治理。

项目组合 Portfolio：为实现战略目标而组合在一起管理的项目、项目集、子项目组合和运营工作。参考项目集和项目。

项目组合管理 Portfolio Management：为实现战略目标而对一组或多组项目组合的集中管理。

项目组合管理办公室 Portfolio Management Office：一个管理机构，负责与项目组合相关治理流程的标准化，并促进资源、方法、工具和技术的共享。参见项目集管理办公室和项目管理办公室。

项目组合管理过程周期 Portfolio Management Process Cycle：一系列反复的、连续的、相关的流程，将被整合到组织日常流程中。

项目组合管理计划 Portfolio Management Plan：具体说明如何组织、监督和控制项目组合的一份文件。

项目组合经理 Portfolio Manager：为实现战略业务目标，被执行组织委派负责建立、平衡、监督和控制项目组合组件的一个人或者团队。参见项目集经理和项目经理。

项目组合平衡 Portfolio Balance：最优化项目组合组件的集合，从而促进组织战略目标的过程。

项目组合章程 Portfolio Charter：发起人签发的一份文档，授权和说明项目组合结构，将项目组合与组织战略目标连接在一起。参见治理章程、项目集章程和项目章程。

需求 Requirement：根据合同或其他正式的强制性规范，某个产品、服务或成果所必须满足的条件或能力。

责任分配矩阵 Responsibility Assignment Matrix：一种展示项目资源在各个工作包中的任务分配的表格。

整合职能 Integration Function：为项目组合、项目集和项目提供战略一致性的一组流程和活动。参考治理职能、控制职能、监督职能和决策职能。

职能型组织 Functional Organization：一种层级组织，其中人员根据专业分组，项目经理仅有有限的权力来分配工作和使用资源。

制约因素 Constraint：对项目、项目集、项目组合或过程有影响的限制性因素。

治理差距分析 Governance Gap Analysis：一种用来确定当前状况和未来状况的差距的技术，用来评估治理框架的优势和劣势。参考治理框架。

治理的风险域 Governance Risk Domain：治理域之一，包括识别和应对威胁与机会并确保风险与回报平衡的一组职能和流程。参考治理域、治理一致性域、治理绩效域和治理沟通域。

治理的沟通域 Governance Communications Domain：治理域之一，包含分发信息、联合干系人参与和确保组织变革的一组职能和流程。参考治理域、治理一致性域、治理风险域和治理绩效域。

治理的绩效域 Governance Performance Domain：治理域之一，根据参数和商业价值的实现，对 KPI 进行测量和评价的一组职能和流程。参考治理域、治理一致性域、治理风险域和治理沟通域。

治理的一致性域 Governance Alignment Domain：治理域之一，包含创建和维护治理框架的整体性的一组职能和流程。参考治理域、治理风险域、治理绩效域和治理沟通域。

治理管理计划 Governance Management Plan：一份描述治理框架、职能和流程的文件，用于指导组织级项目管理、项目组合、项目集和项目管理中的活动。参考项目组合管理计划、项目集管理计划和项目管理计划。

治理框架 Governance Framework：由项目组合、项目集和项目的四种治理域构成，包括治理一致性域、治理风险域、治理绩效域和治理沟通域。参考治理域和治理职能。

治理域 Governance Domain：由一个人、一个小组或一个组织来执行的一组职能，用于处理某个特定治理领域的关注问题。参考治理一致性域、治理风险域、治理绩效域和治理沟通域。

治理章程 Governance Charter：一份授权形成治理主体，并应用资源实施或改进治理框架、职能和流程的文件，其中也需描述与已有组织治理的关系。参考项目组合章程、项目集章程和项目章程。

治理职能 Governance Function：一组为了支持项目组合、项目集和项目治理而执行的跨治理域且相互关联的流程。参考治理域。

治理主体 Governing Body：一个由来自不同责任和权力领域的成员组成的临时或永久

的机构，为项目组合、项目集和项目提供指导和决策。

组织 Organization：可能包含企业中不同层级的实体，也可能跨业务线和业务部门，包括各种能够影响项目和商业运营的领域或商业单元。

组织过程资产 Organizational Process Assets：执行组织所特有的并被其使用的计划、流程、政策、程序和知识库。

组织环境 Organizational Environment：组织政策及其对应的实践做法，用于支持组织项目管理战略执行框架和组织战略的实现。

组织级项目管理 Organizational Project Management：一套为了实现战略目标，把项目组合、项目集和项目管理与组织级驱动因素整合在一起的框架。

组织级项目管理（OPM）治理 Organizafional Project Management （OPM） Governance：指导组织级项目管理活动的框架、职能和流程，以使项目组合、项目集和项目管理实践满足组织战略和运营目标。参考组织级治理、项目组合治理、项目集治理和项目治理。

组织级项目管理成熟度模型 Organizational Project Management Maturity：组织可预测、可控制和以可靠方式交付预期战略成果的能力水平。

组织级治理 Organizational Governance：一种通过人员、政策和流程来提供控制、指导和协调的结构化方法，旨在满足组织战略和运营目标。参考组织级项目管理（OPM）治理、项目组合治理、项目集治理和项目治理。

索引

PMI（项目管理协会）介绍

PMI®是项目、项目集、项目组合管理领域中全球领先的非营利会员制协会，于 1969 年成立。通过全球宣传、合作、教育与研究，PMI 为全球超过二百九十万专业人士创造价值。通过全球通用的标准、认证、资源、工具、学术研究、出版物、专业发展课程和交流机会，PMI 推动专业发展、提高组织成功率，并让项目管理专业领域的发展更为成熟。作为 PMI 大家庭的一员，人力资源系统国际集团（HSI）为领先的企业和政府提供组织评估和基准比较服务。ProjectManagement.com 和 ProjectsAtWork.com 为全球在线社区提供更多的资源、更好的工具、更大的网络和更广的视野。PMI（中国）下设四个主要部门，包括社区服务与客户服务部、渠道及学术部、市场公关部、政府关系与大客户部。同时 PMI（中国）还在深圳和上海设立分公司。

PMI 提供 8 种认证，其中项目管理专业人士（PMP®）认证是项目管理领域全球通用的权威认证，也是世界许多 500 强企业招聘项目经理的条件之一。获得 PMP 认证后，持证人需要在 3 年内申报 60 个专业学习单元（PDU），同时完成证书的更新，以确保证书的有效性。

通过 PMI 认证，助您在项目管理领域获得竞争优势！

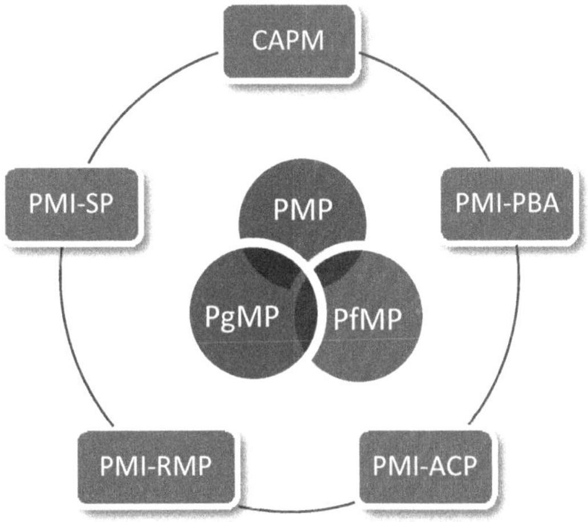

PMP®（项目管理专业人士）
PfMP®（项目组合管理专业人士）
PMI-PBA®（商业分析专业人士）
PMI-SP®（进度管理专业人士）
PgMP®（项目集管理专业人士）
PMI-ACP®（敏捷管理专业人士）
PMI-RMP®（风险管理专业人士）
CAPM®（助理项目管理专业人士）

官方微信

如果您在认证和续证方面需要任何支持，欢迎联系 PMI（中国）
热线电话 400 678 6681　续证客服专员 010 8429 9288
（注：工作时间为周一到周五 8:30 -17:30）
电邮：chinaoffice@pmi.org　网站：www.pmichina.org

官方微博

反侵权盗版声明

举报电话：（010）88254396；（010）88258888

传　　真：（010）88254397

E-mail:　　dbqq@phei.com.cn

通信地址：北京市万寿路173信箱
　　　　　电子工业出版社总编办公室

邮　　编：100036